coerver COACHING × ジュニアサッカーを応援しよう！

ジュニアサッカー

クーバー・コーチング
キッズのプレー
レベルアップ
メニュー集

シュート技術まで習得できるボールマスタリー

クーバー・コーチング・ジャパン 編
COERVER COACHING JAPAN

どれも手軽にできるメニュー

サッカーに必要な要素がつまった
ボールマスタリー

「ボールマスタリーとは、読み書きそろばんのようなもの」となぞらえることがあります。文字の読み書きができなければ、人の話を理解できませんし、伝わる文章も書けません。足し算や引き算ができなければ、自分の持っているお金で、欲しいものを買えるのかがわかりません。どれも社会生活に必要なスキルです。

サッカーも同じです。「ボールのどこを、足のどこで、どのくらいの強さでタッチすればいいのか」。この感覚をつかんでおかないと、仲間にパスを通すことはできないでしょう。

　ましてや、ゴールを奪うための正確なシュートを放つこともできません。

　ボールマスタリーを練習すると、ボール扱いになれる、自在に操れるスキルを身につけられます。

　本書では、たくさんのボールマスタリーのエクササイズとフィニッシュのトレーニングを紹介しています。どれも手軽にできるメニューです。一人で、またはお友だちと取り組んでみてはいかがでしょうか？

クーバー・コーチングとは

　1970年代後半、オランダ人指導者、ウィール・クーバーが、革命的なサッカーの指導法を開発しました。もともと彼は、当時のプロの試合から見えてくる、技術の欠落したプレースタイルに満足していませんでした。ファンを魅了するには、テクニックを生かしたサッカーが確立されなければならないと考え、そのために個人技術を磨く指導に至りました。

　当初のクーバーの指導は、ボールマスタリーや1対1のテクニックの指導をメインに行うもので、スタンレー・マシューズやヨハン・クライフ、ペレのようないつになっても色あせない、優れた動きをする選手のプレーを見習うよう選手たちに促すものでした。そうして1984年、ウィール・クーバーの考えに触発され、アルフレッド・ガルスティアンとチャーリー・クックが設立したのが、現在世界中で知られている「クーバー・コーチング」です。

　以後、クーバー・コーチングは世界40ヶ国以上においてグローバルサッカー教育ネットワークとなりました。1984年以降、世界中で百万人以上の選手と千人以上のコーチがクーバー・プログラムにかかわっています。

　現在、クーバー・コーチングは、特に5～16歳の若い選手たちや、その年代のコーチや先生方に適したサッカー技術指導方法の先駆けとして広く認められています。2010年、アディダス社はFIFAの社会貢献活動である"Football for Hope"のプログラムにクーバー・コーチングを採用しました。

現在

　クーバー・コーチングは、1984年からニューヨーク1ヶ所で行われたキャンプから始まり、今では世界40ヶ国以上でグローバルに活動しています。日本をはじめ、アジア、ヨーロッパ、アフリカなどで展開しています。

育成理念

サッカーの技術と自信を備えたクリエイティブな選手を育てる

練習を楽しくする環境づくり

スポーツマンシップと、すべてに敬意を表す姿勢を教える

勝負へのこだわりと、個性とパフォーマンスの向上

特徴

　クーバー・コーチングの特徴は「プレイヤー育成ピラミッド」をもとに構成されています。本書では「ボールマスタリー」と「フィニッシュ」を中心に紹介します。

GROUP PLAY

少人数グループでの戦術を養成。コンビネーションプレーのトレーニング。ドリブルやパスなど、すべてを組み合わせて行うプレーのこと。少人数でのグループディフェンスやファーストブレイクアタック、コンビネーションプレーなどのことをいいます。

FINISHING

得点力の強化。ゴールを狙う姿勢、シュートのタイミングなどのトレーニング。ペナルティーエリア付近での得点力の強化。ゴールを狙う姿勢、シュートのタイミング、そのための勇気や集中力を身につけます。

SPEED

考えるスピードと身体的なスピードを養成。加速力、反応のスピード、判断力を高めるトレーニング。考えるスピードと身体的なスピードの養成。ボールがある状態はもちろん、ボールがない状態でのスピードの養成も含まれます。具体的には、加速力、反応するスピード、決断力を高めるトレーニングなどを行います。

1V1 ATTACK・DEFENCE

ドリブルの突破力、ボールキープ力など個人の技術を養成。フェイント、ターンなどのトレーニング。突破力、ボールキープ力など個人の技術のこと。この技術を養成することで、ドリブルやパス、そしてシュート、フリーランニングをするための時間とスペースを自分でつくりだせるようになります。

RECEIVING・PASSING

パスを出したり、受けたりする技術の養成。動き方やチームプレーのトレーニング。チームプレーの技術のこと。パスを出したり、パスを受けたり、そのためにフリーランニングをするなど、サッカーはチームメイトと協力することで成り立つものです。

BALL MASTERY

ボールコントロールを上達させるすべてのプレーの基本となるトレーニング。すべてのプレーの基礎となるエクササイズ。育成ピラミッドの各段階で技術や戦術を習得する際に影響を与えます。ボールコントロールが上達するので、プレーに対する自信が生まれます。

キック・シュートがうまくなるために ボールマスタリーが大切

ねらったところに正確に蹴る「ゴールへのパス」

　正確なキックをするためには、リフティングなどと同じように反復トレーニング（くり返しボールを触ること）でボールを蹴る感覚を身につけることが大切です。「蹴る感覚」というのは、足のどこで蹴ると、どんな回転で、どんな強さで、どの方向にボールが飛んでいくのかがわかるということです。

　そのためにクーバー・コーチングには「ボールマスタリー」というトレーニングがあります。ボール扱いになれて、さらには自由に扱えるようにもなります。継続的にくり返しトレーニングすることで、タッチの感覚（ボールフィーリング）が身につきます。

　今回の大きなテーマは「フィニッシュ」です。クーバー・コーチングの育成ピラミッドで、土台となっているのが「ボールマスタリー」です。階段ではなく、ほかのブロックすべてに影響しているのがボールマスタリーです。フィニッシュももちろんボールマスタリーが土台となっています。キック、シュートの正確性を上げるためには、ボールマスタリーの能力が高くなければ、ボールをとらえる技術も上がりません。

　特に筋力がまだ発達していないキッズ年代（小学生）までは、強いシュートよりもコースをねらうことが大切です。強いシュートは自然と筋肉がついてくる中学生から高校生にかけてからでも遅くありません。むしろ正確にボールが蹴れていなければ、強いキックもできません。シュートするときは、ゴールを見て、ゴールキーパーの位置を確認して、空いているコースへ正確にねらいましょう。いわゆる「ゴールへのパス」です。ねらったところに正確に蹴れることが重要です。

「ゴールを奪い、ゴールチャンスをつくる局面」

　クーバー・コーチングでは、フィニッシュを「ゴールを奪い、ゴールチャンスをつくる局面」ととらえています。「フィニッシュ」という言葉は、「ゴールチャンスをつくり、奪う」「目的はシュートすることでなく、ゴールを奪うこと」「プレーを終わらせる」というコンセプトとして使っています。

　どんなにいいシュートを打っても、ゴールが決まらなければ得点にはなりません。逆に、力のないシュートや相手に当たったシュートでもゴールに入れば得点となり、プレーが終わります。

　正確なシュート、フィニッシュへつなげるためには、どんな要素が必要なのか。トレーニングでつかんでいきましょう。

フィニッシュに必要な3要素

　フィニッシュは「得点を奪う、得点チャンスをつくる」ということです。得点を奪うシュートをするために必要な要素とは、

「スキル（キックの能力）」＋「フィジカル（身体的）の負荷」と「メンタル（心理的）の負荷」に打ち勝つ強さ

　これが必要です。「自分とボールとゴールの方向」がわかっていれば、普通に「スキル」があれば、正確に蹴ることができます。

　しかし、シュートとなると、相手がいます。ディフェンダーが追いかけてきたり、前からプレッシャーをかけてきたりします。そのプレッシャーに打ち勝つための駆け引きが「メンタルの負荷」です。

　また、ゴール前まで走っていき、体への負荷がかかった状態でシュートをする。相手と競り合いながらプレーを成功させなければならない。これが「フィジカルの負荷」で、シュートシーンには必ず訪れます。

　フィニッシュには「スキル」以外にも、フィジカルとメンタルの負荷に打ち勝つ能力が必要なのです。「冷静に正確な技術を発揮して、ゴールを奪おう」ことができるように、くり返しトレーニングをしましょう。

世界トップレベルのゴールに詰まった3要素

　左ページで説明したフィニッシュの3つの要素がすべて詰まった、世界トップレベルのゴールを例にして、必要性を紹介しましょう。

　右サイドにポジションを取っていたメッシ（①）が、センターサークル付近でボールを受けようと、サイドバックとセンターバックの間にポジションを取る（②）。センターバックが足元へのパスを警戒してついてきたため、駆け引きからディフェンスラインの裏へ走り込む。ロングパスをジャンプしながら空中で左足のももでボールタッチ（③）。相手が左側から追ってきたため、着地と同時にインステップでボールを右側へコントロール。相手から遠いところに運び、そのまま利き足とは反対の右足でシュート（④）。反対のサイドネットに突き刺した。

　ボールコントロール、シュートスキルは誰もが認める世界ナンバーワンの選手。それに加えて、ゴールまで約25m近く全力で走りながら、相手（DFもGKも）の位置も把握してボールコントロール。フィジカルとメンタルの負荷をもろともせず、正確かつ強いシュートでゴールを決めました。これこそがフィニッシュで求められる要素です。ボールマスタリーでタッチのスキルを磨き、フィニッシュに必要な3つの要素が入ったトレーニングをして、シュートの自信をつける。すると、試合のどんな状況でも実力を発揮できるようになるはずです。

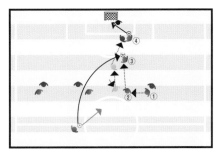

ボールマスタリーのトレーニング方法

　ボールマスタリーのトレーニングは、一定のリズムの動きをくり返し、反復して行いますので、心拍数を上げるのに適しています。通常、心拍数を上げるには「ランニング」を思い浮かべるかもしれません。しかし、ボールを使ったほうが、選手は意識的に取り組むでしょう。さらに、ボールをていねいに扱うよう意識することで集中力を高める効果もあります。なので、ボール扱いになれた選手でも「ボールになれるためのボールマスタリー」（チャプター1）を試合前や練習のウォーミングアップで行うことは最適です。

　ただし、練習のしすぎには注意しましょう。必要以上に一定のリズムで同じ動きをくり返しやりすぎてしまうと、特定の筋力や関節にのみ負担がかかり、ケガの原因になる可能性があります。時間にしておよそ10~15分程度、トレーニングも3~5種くらい行うのが目安です。ボールマスタリーのトレーニングは、あまり広いスペースを必要とせず、ボール1個さえあれば行えます。ぜひチャレンジしてみましょう。

応用スキルへの指導ポイント

はじめから子どもがボールマスタリーのワザをうまくできるとは限りません。そのときには、以下のポイントを大切に段階を踏んで指導していきましょう。

ポイント❶
スピードを急に上げて行うのではなく、まずはゆっくりとていねいに、正しい動きを覚える
ポイント❷
得意な利き足からはじめて、うまくできたら反対の足でもチャレンジしてみる
ポイント❸
左右の足を交互に使ったり、足のさまざまな部分（インサイド、アウトサイド、インステップ、足の裏など）を使ったりして、複雑な動きをテンポよく行う
ポイント❹
スポット（止まった状態）からムーブ（動いた状態）へとつなげる（①その場で止まった状態で行う→②まっすぐ前に進みながら行う→③前後左右自由に動きながら行う）
ポイント❺
一定時間内で何回できるかなどの「ホーム・アサインメント」をやって、記録を毎回残す。前回の記録を超えることを目標に定期的にチャレンジする
ポイント❻
仲間と競争してみる（例：〇秒間で何回できる？　〇メートル進む間に何回タッチできる？）

自主練習の仕方「ホーム・アサインメント」

「目標設定は細かく設定する」

多くの人は、手の届きそうにない目標に対しては、あまり努力をしないものです。逆に、あともう少しと感じる目標には、自然と努力をします。目標を細かく設定して、手の届く範囲で少しずつ引き上げるようにしましょう。

たとえば、リフティングが2回しかできない選手が、目標を「100回できるようにがんばる」ではなく、「10回」。もっと極端に言えば今週は「5回」を目標にするといいと思います。100回までの道のりは長いため、目標がなかなか達成できません。だけど「5回」であればもう少しと感じる目標であり、成功体験の喜びを感じてもっとがんばろうとなれるはずです。

本書では、各トレーニングに一つの例として「ホーム・アサインメント」を提示していますが、さまざまレベルに合わせて、自由に設定してみましょう。

下記の表のように記録をして、「自分の成長を見える化」していくと、さらに実感がわくことでしょう。ページをコピーして何度もご利用ください。

チーム名：	学年：	名前：

日付	ページ数	チャプター	ホーム・アサインメント	目標	結果
記入例 2020年7月17日	78ページ	フィニッシュ1	左右2回ずつやって、何回コーンに当てることができるか	4回	3回

ジュニアサッカー

クーバー・コーチング

キッズのプレーレベルアップメニュー集

シュート技術まで習得できるボールマスタリー

C 目次 ONTENTS

CHAPTER 1
ボールになれるための ボールマスタリー

CHAPTER 2
ボールを思い通りに操れる ボールマスタリー

フィニッシュ

フィニッシュ上達のためのアドバイス

フィニッシュがうまくなるメニューが盛りだくさん！

本書の使い方

本書はキッズ年代の子どもたちが自主的に取り組めるスキルを紹介しています。
本を読み進めていきながらスキルアップできる構成となっていますので、
連続写真やトレーニング図版、ポイント解説をあわせて、本書を活用ください。

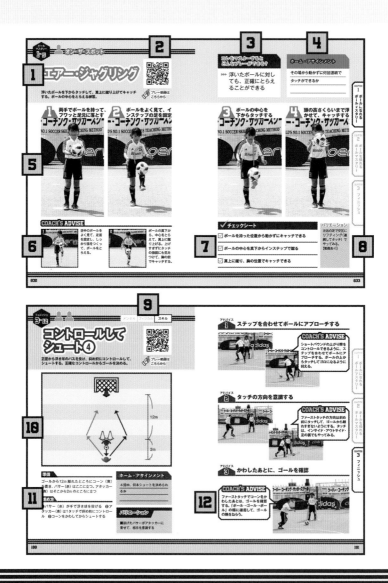

1 メニューを覚える

各メニューでどんなトレーニングを紹介しているかを「タイトル」で解説。
「オン・ザ・スポット」はその場で行う。「オン・ザ・ムーブ」は移動しながら行うメニュー。人の形はトレーニングに参加する人数。一人か二人を表している。

2 QRコード

紹介するトレーニングメニューを動画でも確認できる。使い方の詳しい解説は次のページにて。

3 プレーイメージを描く

このメニューをマスターすればどんなプレーができるかのを紹介。

4 ホーム・アサインメント

いわゆる「宿題」。トレーニングメニューをただやるのではなく、目標を持ってやってみることで、より集中してできる。詳しくは11ページにて

5 動きを知る

連続写真でしっかりと動き方がわかる。ボールの動きや体の向きなどを目で追いながら確認する。

6 コーチアドバイス

実践してもうまくいかない選手のために、成功するためのコツとして、コーチからのアドバイスを紹介。

7 チェックシート

トレーニングの確認したいポイントを表示しています。すべてクリアができるようになったら「ホーム・アサインメント」にチャレンジしてみよう。

8 バリエーション

トレーニングメニューに対しての「バリエーション」（応用編）を紹介。ぜひこちらもチャレンジしてみよう。

9 フィニッシュに必要な要素

フィニッシュには「メンタル」「フィジカル」「スキル」が必要とされている。各トレーニングで特に必要な要素を示している。自分に足りない要素をトレーニングしてみよう。

10 トレーニングメニュー

トレーニングメニューをイラストでも紹介。絵を見ながら実際の動きをイメージしてみる。

11 進め方を確認

トレーニングメニューにはそれぞれ「準備」と「進め方」がある。どんな順番で行えばいいのか、一つひとつ確認しながらやってみる。

12 ポイントを知る

トレーニングメニューで、これだけはおさえておきたいポイントを2つ、3つアドバイスしている。参考にしながら進める。

QRコードから映像を確認しよう

本書で紹介するトレーニングメニューは、すべて動画でも確認できます。スマホやタブレットでQRコードを読み取ってアクセスしてみましょう。細かいステップワークやトレーニングの動き方を動画でも確認してみましょう。

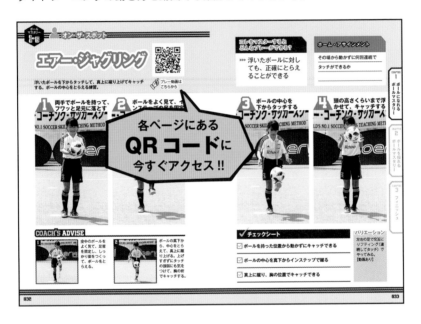

動画で動き方を確認して実践してみよう！

1 本誌と連動した
チャプター番号とタイトル

2 実際の動きを確認

3 コーチからの大事な
アドバイスもおさえる

CHAPTER 1

ボールになれるためのボールマスタリー

ボールマスタリーとは、ボール扱いになれるためのトレーニングです。サッカーのスキルの土台となりますので、継続的にくり返しトレーニングして身につけていきましょう。

矢印解説

➡️ ボールの動き	⇢ 人の動き	〰➤ ターンの動き	⬆️ ジャンプ
〰 ボールタッチ	⇢ 足の踏み込み	〜 ドリブル	◀⋯ アイズアップ

ボールになれるために大切なこと

**ボールマスタリーとは、ボール扱いになれるためのトレーニングです。
継続的にくり返しトレーニングすることで、タッチの感覚
（ボールフィーリング）が身につきます。**

ボールマスタリーとは？

ボール扱いになれる

　ボールマスタリーとは、タッチの感覚（ボールフィーリング）を身につけて、ボール扱いになれるためのトレーニングです。

　ボールフィーリングとは「どのくらいの強さでタッチすると、ボールがどのくらい移動するか？」（タッチの強弱）や、「どのくらいの足の角度や、足のどの部位でタッチすると、どの方向にボールが移動するか？」（タッチの角度）を知ることです。

　継続的にくり返しトレーニングして、タッチの感覚をつかむことができれば、フィニッシュでも必要な、正確なキックやファーストタッチ、ドリブルができる選手にもなれるでしょう。

ボールタッチの感覚がつかめます

　姿勢よく、腕でバランスを保ちながら行い、上半身をリラックスさせて自然体でボールマスタリーを行いましょう。

　まずは、ボールタッチをゆっくり正確に行い、次のタッチがうまくできる位置にボールを運びましょう。足元だけを意識せずに、「アイズアップ（目線を上げること）」も心掛けましょう。

「キックの精度」や「ステップワーク」をメインとしたボールマスタリーで両足バランスよく、くり返し行うことでボールタッチの感覚がつかめます。それと同時にコーディネーションといわれる、体や足をスムーズに連動させる能力を鍛える効果もあります。サッカーのみならず、運動での体の使い方を自然と覚えることができます。

自分のペースで
段階を経てやってみよう

　ボールマスタリーは段階的に自分のペースでやっていきましょう。トレーニングを行い、心拍数を上げる効果もあるため、ウォーミングアップにも適しています。

　1日10〜15分程度で、トレーニングも3〜5種類のメニューをこなすのが、1つの目安となります。

　ボールをあまり見ずに、すばやくタッチできるようになったら、動きの種類を2つ、3つと組み合わせて、より複雑で難易度の高いトレーニングを行うのもいいでしょう。

CHAPTER
1
ボールになれる
ボールマスタリー

CHAPTER
2
ボールを操れる
ボールマスタリー

CHAPTER
3
フィニッシュ

ボールフィーリング

左右の足の裏で順番にボールのてっぺんをタッチする動き。
リズムよくボールに触れる感覚をつかむ。

プレー動画は
こちらから

ソールタップ

1 右足の裏でボールのてっぺんをタッチ

2 左足の裏でボールのてっぺんをタッチ

COACH'S ADVISE

ボールを踏むのではなく、てっぺんを足の裏の、指のつけ根（母指球）でやさしくタッチする。

足の裏でボールタッチしたあと、軸足で地面を跳ねるように、リズムよく行う。

コレをマスターすると
どんなプレーができる?

▶▶▶ シュート前の
足さばきが、
すばやくなる

ホーム・アサインメント

20回を何秒間でタッチできるか

(＊1タッチで1回。左右で2回とカウントする)

CHAPTER
1
ボールになれる
ボールマスタリー

CHAPTER
2
ボールを操れる
ボールマスタリー

CHAPTER
3
フィニッシュ

バリエーション　ボールウォーク

1 右足の裏でボールの
てっぺんをタッチ

2 ひっかくように左足へ
ボールを動かす

3 左足の裏でボールを
タッチして止める

4 ひっかくように右足へ
ボールを動かす

✓ チェックシート

☑ 軸足で地面を跳ねながらできている

☑ ボールのてっぺんを足の裏でタッチできている

☑ リズムよく、やさしくタッチしている

インサイド・アウトサイドロール

インサイド→足の裏→アウトサイドまで使って、連続してボールを横方向に転がす。ボールタッチの感覚を身につける。

プレー動画はこちらから

1 インサイドでボールタッチ

2 足の裏でボールを横に転がす

COACH'S ADVISE

インサイドから足の裏、そしてアウトサイドまで、なるべく足からボールが離れないように行う。

軸足で軽く跳ねながら行うと、リズムよく、連続してボールタッチができる。

▶▶▶ シュートまでの軸足
のステップワークが
うまくできる

30秒間で何回タッチできるか

（＊1タッチで1回。イン・アウトで2回とカウント
する）

CHAPTER
1
ボールになれる
ボールマスタリー

CHAPTER
2
ボールを操れる
ボールマスタリー

CHAPTER
3
フィニッシュ

3 アウトサイドで ボールタッチ

4 足の裏でボールを 横に転がす

✓ チェックシート

☑ 軸足で軽く跳ねながらリズムよくできている

☑ 足からボールが離れずに連続してできている

☑ 目線を上げて、体のバランスをくずさない

バリエーション

軸足でステップし
ながら、片足のイ
ン・アウトで交互
に連続タッチする
「片足空中カット
ドリブル」をやっ
てみる。
【動画あり】

トータップ

体の真下で、左右の足のインサイドで順番に連続してタッチ！
インサイドのボールタッチの感覚を覚えるトレーニング。

プレー動画は
こちらから

1 右足のインサイドで ボールタッチ

2 次は左足のインサイド でボールタッチ

COACH'S ADVISE

上半身を起こして、姿勢よく行う。走るように動き、ときどき目線を上げられるようにする。

ひざを曲げて、つま先立ちで行うことにより、ステップが速くなる。すると、タッチが遅れずに連続してできるようになる。

CHAPTER
1
ボールになれる
ボールマスタリー

CHAPTER
2
ボールを操れる
ボールマスタリー

CHAPTER
3
フィニッシュ

コレをマスターするとどんなプレーができる？

▶▶▶ インサイドのタッチの感覚を覚えて、キックの精度が向上

ホーム・アサインメント

30秒間で何回タッチできるか

（＊1タッチで1回。左右で2回とカウントする）

3 続けて反対の足で真横にタッチする

4 走るように動き、体の幅でタッチする

✓ チェックシート

☑ インサイドの中心で、ボールを横にタッチできている

☑ 軽くひざを曲げて、つま先立ちでできている

☑ 姿勢よく、リズムよく、ときどき目線が上がっている

スライド

足の裏でボールを外側にすべらすように転がして、
インサイドでボールを止める。

プレー動画は
こちらから

1 左足の裏で ボールのてっぺんをタッチ

2 左足の裏で ボールを外側にすべらせる

3 左足のインサイドで ボールを止める

COACH'S ADVISE

ボールを外側に
ずらせたら、次
のタッチがやり
やすいように、
インサイドで
しっかり止める。

スライドはイン
サイドにボール
を吸いつけるよ
うに、ボールの
てっぺんから足
を外側にすべら
せる。

CHAPTER
1
ボールになれる
ボールマスタリー

CHAPTER
2
ボールを操れる
ボールマスタリー

CHAPTER
3
フィニッシュ

コレをマスターすると どんなプレーができる?

▶▶▶ シュート前の正確な コントロールと重心 移動がつかめる

ホーム・アサインメント

30秒間で何回タッチできるか

（＊1タッチで1回。左右で2回とカウントする）

4 次は右足の裏でボール のてっぺんをタッチ

5 右足の裏でボールを 外側にすべらせる

6 右足のインサイドで ボールを止める

✓ チェックシート

☑ ボールタッチはずっと足にくっついている感覚がある

☑ ボールを止めたら、ときどき目線を上げながらやる

☑ インサイドのタッチでしっかりボールを止める

プルプッシュ

足の裏でボールを引いて、すぐにインサイドで正確に前へ押し出す。連続して、反対の足の裏でボールを引いて前へ押し出す。

☞ プレー動画は
こちらから

1 右足の裏で ボールを引く

2 右足のインサイドで ボールを前へ押し出す

COACH'S ADVISE

1 ボールをまっすぐ前に運ばないと連続してできないため、インサイドの面をしっかりつくって、押し出す。

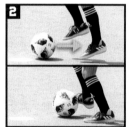

2 足の裏でボールを引くと同時に、反対の軸足も一緒にステップすると、次のタッチがやりやすい。

コレをマスターすると
どんなプレーができる？

▶▶▶ ディフェンダーの動
きを一瞬止めて、前
に出る動きができる

ホーム・アサインメント

30秒間で何回タッチできるか

（＊左右で2回とカウントする）

3 左足の裏で
ボールを止めて、引く

4 左足のインサイドで
ボールを前へ押し出す

✓ チェックシート

☑ 足の裏でボールをしっかり引くことができる

☑ ボールを引くと同時に軸足をステップできている

☑ ボールを引いたら、まっすぐ押し出す

バリエーション

足の裏でボールを
引いたあとのタッ
チをインステップ
やアウトサイドで
やってみる。
【動画あり】

CHAPTER
1
ボールになれる
ボールマスタリー

CHAPTER
2
ボールを操れる
ボールマスタリー

CHAPTER
3
フィニッシュ

エアー・ジャグリング

浮いたボールを下からタッチして、真上に蹴り上げてキャッチする。ボールの中心をとらえる練習。

プレー動画は
こちらから

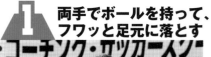

1 両手でボールを持って、フワッと足元に落とす

2 ボールをよく見て、インステップの足を固定

COACH'S ADVISE

空中のボールをよく見て、足首を固定し、しっかり面をつくって、ボールをとらえる。

ボールの真下から、中心をとらえて、真上に蹴り上げる。上げすぎずにタッチの強弱にも気をつけて、胸の前でキャッチする。

CHAPTER
1
ボールになれる
ボールマスタリー

CHAPTER
2
ボールを操れる
ボールマスタリー

CHAPTER
3
フィニッシュ

コレをマスターすると
どんなプレーができる？

▸▸▸ 浮いたボールに対しても、正確にとらえることができる

ホーム・アサインメント

その場から動かずに何回連続で

タッチができるか

3 ボールの中心を
下からタッチする

4 頭の高さくらいまで浮かせて、キャッチする

✔ チェックシート

☑ ボールを持った位置から動かずにキャッチできる

☑ ボールの中心を真下からインステップで蹴る

☑ 真上に蹴り、胸の位置でキャッチできる

バリエーション

左右の足で交互にリフティング（連続してタッチ）でやってみる。
【動画あり】

テイクストップシザーズ

止まったボールに対して、足でまたぐ。
反対の足のアウトサイドで、横へすばやく移動する。

プレー動画は
こちらから

1 右足のアウトサイドでボールタッチすると見せて……

2 ボールの前へ右足をすばやく通してまたぐ

3 着地した右足を踏み込む

4 反対の足のアウトサイドで、横へすばやく持ち出す

COACH'S ADVISE

ボールをアウトサイドでタッチするように見せて、触らずにまたぐ。そのため、またぐ足のつま先は下に向ける。

またぐときは、ボールの前に足を通して、低く大きく動かす。ボールとの距離に気をつけて、近い位置でまたぐといい。

CHAPTER
1
ボールになれる
ボールマスタリー

CHAPTER
2
ボールを操れる
ボールマスタリー

CHAPTER
3
フィニッシュ

コレをマスターするとどんなプレーができる？

▶▶ 相手の反対をついてかわし、シュートへ持ち込む

ホーム・アサインメント

ミスなく、何回続けてできるか

5 止めたボールを左足でボールタッチすると見せて……

6 ボールの前へ左足をすばやく通してまたぐ

7 着地した左足を踏み込む

8 反対の足のアウトサイドで、横へすばやく持ち出す

✓ チェックシート

☑ アウトサイドでタッチするように見せて、ボールの前をまたげている

☑ 反対の足のアウトサイドで、すばやく持ち出して加速できている

☑ 両足で同じようにできている

テイクストップステップオーバー

インサイドでボールをタッチすると見せかけ、そのままボールをまたぐ。体の向きを鋭く変えて、反対方向へ動く。

プレー動画はこちらから

1 左足のインサイドでボールタッチするように見せて

2 そのままボールの横から前へとまたぐ

3 着地して上体をひねる

4 左足のアウトサイドで反対方向へボールを押し出す

COACH'S ADVISE

インサイドでボールタッチするように見せて、触らずにボールの横から前へとまたぐ。足は低く保ってすばやく動かす。

ボールをまたいだら、軸足のひざを柔らかく動かす。アウトサイドのタッチで一気に加速して反対方向へいく。

CHAPTER
1
ボールになれるボールマスタリー

CHAPTER
2
ボールを操れるボールマスタリー

CHAPTER
3
フィニッシュ

コレをマスターするとどんなプレーができる?

▶▶▶ ゴール前で相手を背負ったときに、かわせる

ホーム・アサインメント

ミスなく、何回続けてできるか

_____

_____

_____

5 右足のインサイドでボールタッチするように見せて

6 そのままボールの横から前へとまたぐ

7 着地して上体をひねる

8 右足のアウトサイドで反対方向へボールを押し出す

✓ チェックシート

☑ インサイドでボールタッチするようにまたげている

☑ 足を上げすぎずにボールの横からまたげている

☑ またいだら、すばやく反対方向へ加速できている

テイクストップシミー

止まったボールに対して、ボールをタッチすると見せかけ、
ギリギリのところでフェイクをするテクニック。

プレー動画は
こちらから

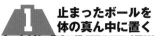

1 止まったボールを
体の真ん中に置く

2 左足を上げ、パスを出す
ようなキックモーション

3 タッチするギリギリで
やめて、まっすぐな姿勢に

4 すぐに右足でボールを押し
出して加速する

COACH'S ADVISE

本当にタッチするかのように、ボールの近くまで足を運ぶことが大事。さらに、足と同時に腰をひねるといい。

ステップを踏み替えて、すぐに反対の足のインサイドでボールを動かして、反対方向へ加速する。

コレをマスターすると どんなプレーができる？

▶▶▶ 相手の動きを止め、ボールを持ち出してシュートする

ホーム・アサインメント

正しい動きができているか

_____

_____

_____

5 止まったボールを体の真ん中に置く

6 右足を上げ、パスを出すようなキックモーション

7 タッチするギリギリでやめて、まっすぐな姿勢に

8 すぐに左足でボールを押し出して加速する

✓ チェックシート

☑ なるべく足をボールのギリギリまで近づける

_____

☑ ボールタッチするように相手に見せることができている

_____

☑ ボールタッチせずに、すばやく反対方向へ加速できている

_____

動きながらやってみる

反対のマーカーに向かってボールマスタリーの動きを行う。
できるだけたくさんタッチして進む。

プレー動画は
こちらから

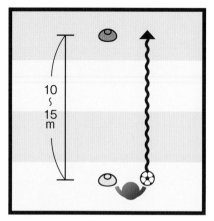

10
〜
15
m

準備

スタート位置から10〜15mの距離で
マーカーを置く

進め方

トータップ／ソールタップ／スライド／
プルプッシュなどのボールマスタリーで
進む

1 ボールタッチの角度に気をつける

COACH'S ADVISE

ボールタッチは、横ではなく、少し斜め前に運ぶと進みやすい。また、ボールが体から離れないようにタッチの強弱にも気をつける。

スタートから目標位置までの距離をしっかり把握して、ときどき目線を上げて、前を見る。

コレをマスターすると どんなプレーができる？

▶▶▶ ドリブルするときの ボールタッチ感覚を 養う

ホーム・アサインメント

スタートからゴールまでに

何回タッチできるか

（＊1タッチで1回。左右で2回とカウントする）

2 ときどき目線を上げて、前を見る

3 たくさんボールタッチして進む

✔ チェックシート

☑ 体からボールが離れず進めている

☑ ときどき目線を上げて、確認できている

☑ たくさんボールタッチして進めている

オン・ザ・ムーブ

ボールマスタリー ＋キック

中央のマーカーまでボールマスタリーで進む。マーカーまで
来たら1タッチして、奥のコーンをねらってキックする。

プレー動画は
こちらから

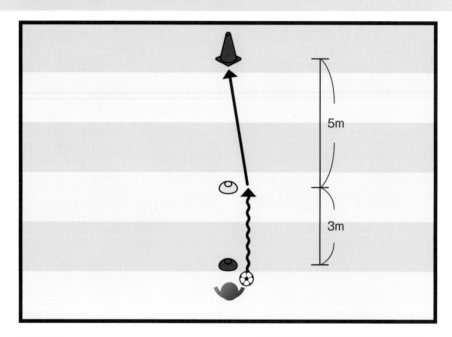

5m

3m

準備

スタート位置から３m先にマーカー（黄）を置
く。さらに５m先にターゲットとなるコーン
（赤）を置く（＊コーンの代わりに、ペットボトルやボールなどでもいい）

ホーム・アサインメント

3回中、何回コーンに当てること
ができるか

進め方

❶スタート位置から中央のマーカー（黄）まで、ボールマスタリーのいずれか（「トー
タップ」「ソールタップ」「ボールウォーク「プルプッシュ」など）で進む　❷中央ま
で来たら、ボールを蹴りやすい位置に1タッチ　❸奥のコーン（赤）をしっかり確認
して、キックでねらう　❹コーンに当てたら成功

CHAPTER
1
ボールになれるボールマスタリー

CHAPTER
2
ボールを操れるボールマスタリー

CHAPTER
3
フィニッシュ

アドバイス 1　たくさんボールタッチして進む

COACH'S ADVISE

スタートからできるだけ、正確にたくさんボールタッチして進む。ときどき目線を上げる。

アドバイス 2　ボールをキックしやすいところに持ち出す

COACH'S ADVISE

中央のマーカーまで来たら、1タッチして（❷）、ボールをキックしやすいところに持ち出して、コーンを確認してねらう（❸）。

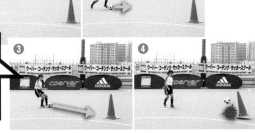

バリエーション

COACH'S ADVISE

ボールウォークやプルプッシュなどのボールマスタリーでもやってみる。また、利き足と反対の足でキックしてみたり、マーカーからコーンまでの距離を伸ばしてみたりしてやってみよう。

プルプッシュ　　　ボールウォーク

コーディネーション
1

ボールキャッチスポット

2つのボールのどちらか、落ちてくるボールをキャッチする。
すばやく反応するトレーニング。

プレー動画は
こちらから

準備

二人が対面して立つ。ボールを落とす選手は
片手に1つずつボールを持ってスタンバイ。
キャッチする選手は手を下げた状態で待つ

ホーム・アサインメント

4回中、何回キャッチできるか

進め方

❶ボールを落とす選手は、腕を伸ばしてボールの下を持って、好きなタイミングで落
とす（手をスッと下におろしてボールを落とす。上に投げたりしない）　❷キャッチ
する選手は、左右どちらか落ちてきたボールに対して、地面に落ちる前にキャッチし
たら成功

CHAPTER
1
ボールになれる
ボールマスタリー

CHAPTER
2
ボールを操れる
ボールマスタリー

CHAPTER
3
フィニッシュ

アドバイス 1 　いつでも反応できるよう集中する

COACH'S ADVISE

ボールが落ちてきて、地面にバウンドする前にキャッチしたら成功。どちらのボールが落ちてきても、いつでも反応できるよう集中して構える。

アドバイス 2 　両方のボールを間接視野で見ておく

COACH'S ADVISE

左右どちらのボールが落ちてくるかわからない。そのため、片方のボールをじっと見るのではなく、両方のボールを「間接視野（ぼやっと見ることができる範囲）」で見て反応する。

バリエーション 　スタートの高さを変えてやってみる

基本は顔の高さからボールを落とすが、難しかったら「頭の上」からでもOK（①）。簡単にキャッチできるようになれば「腰の高さ」から（②）スタートするなど、高さを調整しながらやってみよう。ほかにも、片手でキャッチしてみたり、足でボールコントロールしてみたりして、いろいろなパターンでやってみよう。

「シュートの上達法」

シュートが正確にうまくなるためにはどうしたらいいでしょうか。まずはボールマスタリーでボールタッチの感覚を養い、キックをするときの感覚をつかみましょう。そのうえで、シュートの上達法を紹介します。

Q 正確なシュートを打つためにはどうればいいですか?

A まずインサイドキックから身につけよう!

正確なシュートは、まずインサイドキックから身につけてみてはいかがでしょうか。ボールに当たる足の部分(面積)が大きいので力を伝えやすく"蹴る"感覚がつかみやすいかと思います。また、試合中によく使うインサイドキックで、ねらったところに正確に蹴れるようになれれば、成功体験を多く味わうことができて、自分のスキルアップも実感できます。自信につながり、成長にもつながります。そういう点からも、選手たちが最初に習得するのはインサイドキックが向いているかと思います。

次のステップとして、インステップやアウトサイド、意外性のあるトーキック(つま先)でもシュートを打ってみて、いろいろなキックの習得にもチャレンジしてみましょう。

Q ボールが動いているとうまくシュートができません。

A 正確に蹴れる「自分の形」を習得しよう!

止まっているボールを蹴るときも同じですが、シュートしたときのボールを蹴った位置(ミートポイント)や軸足の位置を確認するのがいいでしょう。体の柔軟性や骨格の違いがあるため、「この形がいいですよ」とはみなさん一律にはいえません。反復トレーニングの中で、「ボールの中心を蹴れているかな」とか、「軸足の位置がボールから離れすぎていないかな」などを確認しながら、正確に蹴れたときの「自分の形」を習得することが重要です。

Q 練習ではシュートがうまくできるのに、試合になるとうまくできません。

A 「ボールを持っているほうが、優位な立場にある」と考えよう!

「シュートを外すかもしれない」「ゴールキーパーが出てきたからあわててしまう」「ディフェンダーが来たからシュートできない」といったように、試合になるとどうしてもネガティブな思考になりがちです。

しかし、サッカーは「ボールを持っているほうが、優位な立場にある」ことを改めて認識しましょう。アタッカーのアクション(シュートやドリブル)に対して、相手は守ります。アタッカーが右に動くと、相手はあとから右に動きます。すなわちリアクションです。どちらが優位かといえばアタッカーに決まっています。ですから、優位であるとことをプラスに考えてプレーすることが大切です。

CHAPTER 2

ボールを思い通りに操れる
ボールマスタリー

ボールになれてきたら、複雑な動きを入れて、より正確に、より速くボールを思い通りに操れるようになりましょう。

矢印解説

⟶ ボールの動き	┄┄► 人の動き	⤳ ターンの動き	⬆ ジャンプ
〰 ボールタッチ	⋛ 足の踏み込み	〰⟶ ドリブル	◄┄┄ アイズアップ

ボールを思い通りに操るために大切なこと

ボールになれてきたら、複雑な動きをより正確に、
より速くできるようになりましょう。

ボールマスタリーの効果とポイント

両足の技術

　目標は、両利きの選手になることです。そのために得意なほうの足からトレーニングしたら、そうでない反対の足でもやってみてください。

コーディネーション能力

　右足や左足、ひざ、足首などの関節を連動してバランスよく使えるようになります。ボールを片方の足で触っているときは、軸足1本で立つことになります。足だけでなく、腕や体幹を使って体の軸をぶらさないようにして、コーディネーション能力を上げましょう。

ボールマスタリーの効果とポイント

柔軟性

足首・ひざ・またの関節を柔軟に使えると、ボールタッチがよりスムーズになります。インステップなら、足首を伸ばし、つま先を地面に向けて面をつくると、まっすぐ蹴れます。ボールウォークは、足首を内側にひねり、引っかくようにタッチするとうまくできます。

フットスピード

軸足をすばやくステップさせたり、右足でボールタッチしたら、すぐに左足でタッチしたりすることでフットスピード（足さばきの速さ）を高めていきます。

トレーニングのコツ

　ボールマスタリーのエクササイズやフェイントの動きを2つ、3つ組み合わせて反復してみましょう。複雑な動きをするには、リズム感覚やバランス感覚がより求められます。それらが正確にできるようになったら、次はスピードを上げてやりましょう。

　試合中、相手ディフェンダーよりも速く足やボールを動かせるようになれれば、ボールを奪われなくなるはずです。さらに突破したり、かわしたりするプレーにもつながります。

片足カットドリブル

片方の足のインサイドとアウトサイドで交互にすばやく
ボールを動かす。タッチの感覚をつかむ。

プレー動画は
こちらから

1 右足のインサイドで ボールタッチ

2 左にステップ、右足の アウトサイドでカット

COACH'S ADVISE

ボールが体の前
を横切るように
カットする。そ
のためには、軸
足（左足）のス
テップをスムー
ズにやる。

前に進むのは、
急がずにゆっく
り、ボールの横
をタッチすると、
うまくできる。

CHAPTER
1
ボールになれる
ボールマスタリー

CHAPTER
2
ボールを操れる
ボールマスタリー

CHAPTER
3
フィニッシュ

コレをマスターすると どんなプレーができる？

▸▸▸ ゴール前での軸足の ステップワークが よくなる

ホーム・アサインメント

ドリブルしながら30秒間で

何タッチできるか（＊1タッチで1回。

イン・アウトで2回とカウントする）

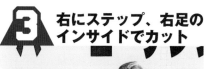

3 右にステップ、右足の インサイドでカット

4 左にステップ、右足の アウトサイドでカット

✓ チェックシート

☑ ボールが横方向に転がり、前に少しずつ進めている

☑ ボールの移動に合わせて、軸足もスムーズに運べている

☑ リズムよくステップを踏みながらできている

片足カットドリブル 2タッチ

インサイドで2回、アウトサイドで2回。片方の足でイン・アウトを交互に連続してタッチする。反対の軸足は細かくステップ。

プレー動画は
こちらから

1 右足のインサイドで ボールタッチ

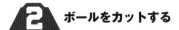

2 ボールをカットする

3 右足のインサイドで運ぶ

4 軸足（左足）を左にステップ

COACH'S ADVISE

ボールをやさしくタッチすると、横に大きく動かずに、上手にジグザグに進むことができる。

ボールをカットするとき、ボールをピタッと足元に止めるのではなく、少し内側に動かすようにすると、次のタッチがスムーズにできる。

コレをマスターするとどんなプレーができる？

▶▶▶ 細かいステップとボールタッチで、相手をかわせる

ホーム・アサインメント

ドリブルしながら30秒間で何タッチできるか（＊1タッチで1回。イン・イン・アウト・アウトで4回とカウントする）

5 右足のアウトサイドでボールタッチ

6 ボールをカットする

7 右足のアウトサイドで運ぶ

8 軸足（左足）を右にステップ

✓ チェックシート

☑ 軸足のひざを柔軟に曲げることができている

☑ 目線を上げながらできている

☑ リズムよくステップを踏みながらできている

両足カットドリブル

プレー動画はこちらから

両足で行うカットドリブル。アウトサイド→インサイドの連続タッチで、細かいタッチのドリブルを身につける。

1 右足のアウトサイドでボールタッチ

2 右足のインサイドでボールをカット

COACH'S ADVISE

アウトサイドでタッチしたら、ボールに合わせて軸足もスムーズにステップする。

リズムよく連続してタッチを行うには、インサイドでカットしてから、反対の足のアウトサイドのタッチをすばやくやることが重要だ。

コレをマスターすると どんなプレーができる？

▶▶▶ 細かいステップワークと、細かいタッチで相手をかわせる

ホーム・アサインメント

ドリブルしながら30秒間で何タッチできるか（＊1タッチで1回。アウト・イン・アウト・インで4回とカウントする　）

3 左足のアウトサイドでボールタッチ

4 左足のインサイドでボールをカット

✓ チェックシート

☑ ドリブルの幅が広くならずにまっすぐ進む

☑ 目線を上げながらできている

☑ リズムよくステップを踏みながらできている

オン・ザ・ムーブ

両足カットドリブル シザーズ

インサイドでボールをカット。カットした足でボールをまたぎ、反対の足のアウトサイドで押し出す。

プレー動画は
こちらから

1 右足のインサイドで ボールをカット

2 軸足をステップして、 右足でシザーズ

COACH'S ADVISE

1 インサイドでカットしたら、軸足をステップ。続けて、アウトサイドでタッチするように見せて、ボールの前を低くまたぐ。

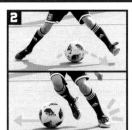

2 ボールをまたいだ足が着地したと同時に、反対の足のアウトサイドでボールを押し出す。

CHAPTER
1
ボールになれる
ボールマスタリー

CHAPTER
2
ボールを操れる
ボールマスタリー

CHAPTER
3
フィニッシュ

コレをマスターすると どんなプレーができる?

▶▶▶ 相手の重心をずらしてからボールを押し出して、シュートへ

ホーム・アサインメント

10〜15m間を正確なドリブルで

何秒かかるか

---

3 右足の着地と同時に、反対の足のアウトサイド

4 左足のインサイドでボールをカット

✓ チェックシート

☑ インサイドでカットしたら、軸足をステップできている

☑ アウトサイドでタッチするように、ボールの前をまたぐ

☑ 反対の足のアウトサイドですばやく押し出して加速する

◯ オン・ザ・ムーブ

両足カットドリブル アウトサイド

両足を使ったカットドリブルを行う。同じ足のアウトサイドで
2回連続してタッチ。細かいステップで進む。

☞ プレー動画は
こちらから

**1 左足のアウトサイドで
カット**

**2 左足のアウトサイドで
ボールタッチ**

**3 もう一度アウトサイドで
タッチすると見せて……**

**4 ボールタッチせずに、
左足を大きくステップ**

COACH'S ADVISE

アウトサイドの
ボールタッチは
やさしく行い、
タッチが大きく
ならないように
進むと、リズム
よくできる。

軸足で細かくス
テップを踏み、
リズムよく行う。
2回タッチした
あと、サイドス
テップのように
ボールの奥に
ステップする。

CHAPTER
1
ボールになれる
ボールマスタリー

CHAPTER
2
ボールを操れる
ボールマスタリー

CHAPTER
3
フィニッシュ

コレをマスターするとどんなプレーができる?

▶▶▶ 細かいタッチと
ステップワークで
相手をかわす

ホーム・アサインメント

10～15m の距離をミスなく

正しいタッチで何秒かかるか

---

5 右足のアウトサイドでカット

6 右足のアウトサイドでボールタッチ

7 もう一度アウトサイドでタッチすると見せて……

8 ボールタッチせずに、右足を大きくステップ

✓ チェックシート

☑ アウトサイドの2タッチは小さくできている

☑ カットするときに、ボールの外側へ大きくステップできる

☑ くり返し、リズムよくドリブルできている

両足カットドリブル アウトサイド・ステップ

両足を使ったカットドリブルを行う。同じ足のアウトサイドで連続タッチすると見せてステップして、反対の方向へ運ぶ。

プレー動画はこちらから

1 右足のアウトサイドでボールタッチ

2 もう一度アウトサイドでタッチすると見せて……

3 ボールタッチせずに、右足を大きくステップ

COACH'S ADVISE

アウトサイドでボールを小さくタッチして、もう一度タッチするように見せて、ボールの外側へ大きくステップする。

大きくステップしたら、すぐに反対の足のアウトサイドでボールをカット。相手の重心をずらすイメージを持つ。

CHAPTER
1
ボールになれる
ボールマスタリー

CHAPTER
2
ボールを操れる
ボールマスタリー

CHAPTER
3
フィニッシュ

<table>
<tr><td>

コレをマスターすると
どんなプレーができる?

▸▸▸ フェイントのように、
相手の重心を
ずらしてかわす

</td><td>

ホーム・アサインメント

10~15m の距離をミスなく

正しいタッチで何秒かかるか

</td></tr>
</table>

4 左足のアウトサイドで
反対方向へカット

5 もう一度アウトサイドで
タッチすると見せて……

6 ボールタッチせずに、
左足を大きくステップ

✓ チェックシート

☑ アウトサイドのボールタッチは小さくできている

☑ ステップする前はアウトサイドでタッチするように見える

☑ カットするときに、ボールの外側へ軸足を大きくステップできている

両足カットドリブル イン・アウト・イン

両足を使ったカットドリブル。片足で「イン・アウト・イン」と
3回連続タッチしたら、反対の足も連続タッチして進む。

プレー動画は
こちらから

1 右足のインサイドで ボールタッチ

2 左側にステップ

3 右足のアウトサイドで カット

4 右足のインサイドでカット

COACH'S ADVISE

1 ボールタッチした足を地面につけて、ボールの移動に合わせて、軸足をステップする。タッチとタッチの間にステップする。

2 インサイドからアウトサイドでタッチするときは、軸足を外へ大きく踏み込み、ひざを柔軟に曲げるといい。

CHAPTER
1
ボールになれる　ボールマスタリー

CHAPTER
2
ボールを操れる　ボールマスタリー

CHAPTER
3
フィニッシュ

コレをマスターするとどんなプレーができる？

▸▸▸ 細かいステップで、かわしてからすぐにシュートが打てる

ホーム・アサインメント

10〜15m の距離をミスなく

正しいタッチで何秒かかるか

---

5 左足のインサイドでカット

6 右側にステップ

7 左足のアウトサイドでカット

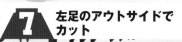

8 左足のインサイドでカット

✓ チェックシート

☑ 軸足のひざを柔軟に曲げて、ステップを踏めている

☑ 体のバランスをくずさずにリズムよくできている

☑ スタートからゴールまでまっすぐ進めている

両足カットドリブル 空中イン・アウト・イン

ボールタッチする足は地面につけず、連続で「イン→アウト→イン」のタッチを行う。両足交互にタッチする。

プレー動画は
こちらから

1 右足のインサイドでカット

2 右足を地面につけずに右足のアウトサイド

COACH'S ADVISE

軸足でジャンプして、リズムよくタッチする。軽く手を広げてバランスを取りながら、連続してタッチする。

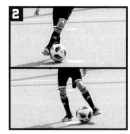

ボールタッチする足は、空中に浮かせたまま行う。また、ボールの横を下からやさしくタッチするとやりやすい。

CHAPTER
1
ボールになれる
ボールマスタリー

CHAPTER
2
ボールを操れる
ボールマスタリー

CHAPTER
3
フィニッシュ

コレをマスターするとどんなプレーができる？

▸▸▸ バランス感覚が
よくなると、正確な
シュートが打てる

ホーム・アサインメント

30秒間で何回タッチできるか

（＊1タッチで1回。イン・アウト・インで3回とカウントする）

3 軸足を軽く跳ねながら右足のインサイド

NO.1 SOCCER SKILLS TEACHING MET

4 軸足を踏み替えて、反対の足のインサイド

RLD'S NO.1 SOCCER SKILLS TEACHING

✓ チェックシート

☑ ボールタッチする足を地面につけずにできている

☑ 目線を上げながらできている

☑ 体の軸をくずさずにバランスが取れている

オン・ザ・ムーブ

ボールウォーク

足の裏で足首を返してボールを横に動かす。
反対の足の裏でも同様に行い、少しずつ前に進む。

プレー動画は
こちらから

1 右足の裏を ボールにのせる

2 軸足で軽く跳ねながら 右足でボールを動かす

COACH'S ADVISE

ボールのてっぺんを、足のつま先の裏あたりでひっかくようにタッチする。ひざを高く上げて、ボールを動かすとステップがやりやすい。

軽く跳ねながら、姿勢をよく行い、体のバランスを保つ。できない場合は両手を軽く広げてバランスを保つ。

CHAPTER
1
ボールになれる
ボールマスタリー

CHAPTER
2
ボールを操れる
ボールマスタリー

CHAPTER
3
フィニッシュ

コレをマスターすると
どんなプレーができる？

▸▸▸ 足の裏を使って相手
のタックルをかわし
てシュートへ

ホーム・アサインメント

10〜15mの距離の間で

何タッチできるか

3 左足の裏で
ボールタッチ

4 軸足で軽く跳ねながら
左足でボールを動かす

✓ チェックシート

☑ 姿勢よくできている

☑ 足の裏でボールのてっぺんをタッチできている

☑ ボールを動かすとき、軸足で軽く跳ねながらできている

Uターンドリブル

足の裏でボールをカットするようなイメージで、横へひっかく。
反対の足のアウトサイドで反対方向へ運ぶ。

プレー動画は
こちらから

1 右足のアウトサイドで ボールタッチ

2 右足の裏でボールタッチ

3 足の裏で足首を返して ボールを横に動かす

4 右足を外側に着地して、 方向転換

COACH'S ADVISE

足の裏でタッチするときはボールを止めるのではなく、横に動かす。

足の裏でボールをタッチしたら、軽くジャンプして、タッチした足をボールの外側に着地させる。すぐにアウトサイドで持ち出す。

コレをマスターすると
どんなプレーができる？

▶▶▶ プレッシャーを
　　かけてくる相手を
　　かわしてシュートへ

ホーム・アサインメント

10〜15m の距離をミスなく

正しいタッチで何秒かかるか

5 反対の足のアウトサイドで
ボールを反対方向へタッチ

6 左足の裏でボールをタッチ

7 足の裏で足首を返して
ボールを横に動かす

8 ターンをして、右足のアウト
サイドでボールタッチ

✓ チェックシート

☑ 足の裏でボールを動かすとき、同時にボール方向へ体もターンができている

☑ 目線を上げながらできている

☑ 足の裏のタッチは方向を変えるイメージでできている

オン・ザ・スポット

テイクプルプッシュ ビハインド

足の裏でボールを引き、インサイドで軸足の後ろから斜め前へ。
反対の足のアウトサイドで反対方向へ運ぶ。

プレー動画は
こちらから

1 足の裏で ボールのてっぺんをタッチ

2 足の裏で ボールを後ろに引く

3 同じ足のインサイドで 軸足の後ろを通す

4 反対の足のアウトサイドで、 持ち出す

COACH'S ADVISE

ボールを後ろに
引くとき、軸足
を前に跳ねて、
足を交差させる。
そうするとイン
サイドのタッチ
で軸足にボール
が当たらずにで
きる。

外側から来た相
手に対して、軸
足でボールを
シールディング
（隠す）するよ
うにして、反対
方向へ持ち出す。

コレをマスターすると
どんなプレーができる?

▸▸▸ ボールを引いて
相手をかわして、
シュートへ

ホーム・アサインメント

30秒間で何回できるか

(＊写真1〜4で1回とする)

5 足の裏で
ボールのてっぺんをタッチ

6 足の裏で
ボールを後ろに引く

7 同じ足のインサイドで
軸足の後ろを通す

8 反対の足のアウトサイドで、
持ち出す

✓ チェックシート

☑ 軸足を跳ねながらリズムよくできている

☑ ボールを引いてから、インサイドのタッチができる

☑ ボールを止めたとき、目線を上げながらやる

バリエーション

横への移動はせずに、スポット（その場）で左右の連続タッチでやってみる。

ボールキャッチムーブ

相手にボールを投げてもらって指定の位置でキャッチ。
すばやく反応して、空間認知能力を養う

プレー動画は
こちらから

準備

パサーから3～4m離れたところにボールを受
ける選手が立つ。そこを中心に左右2～3mの
ところにマーカーを置く

ホーム・アサインメント

何回連続でキャッチできるか

(左右順番でなくてもいい)

進め方

❶パサーがボールを持ってスタート
かってフワッとしたボールを投げる
キャッチする

❷受ける選手の左右どちらかのマーカーに向
❸受ける選手はすばやく反応してボールを手で

アドバイス 1 空中にあるボールをよく見てキャッチする

COACH'S ADVISE

空中にあるボールをよく見て、正確に体を動かし、手でキャッチする。ボールの落下地点に先に入るステップワークが重要。

アドバイス 2 できるだけ体の正面でキャッチする

COACH'S ADVISE

まずは左右に動いて、両手でボールをキャッチする。横に飛び上がらずに、できるだけ体の正面でキャッチしよう。続けて、マーカーを前後に置くパターン。片手でキャッチもやってみる。

バリエーション ボールを相手にキックで返す

来たボールをダイレクトで蹴って、できるだけ相手の正面に返す。インサイドやインステップ、左右の足で行い、ボールの中心をとらえる。また、パサーはスローインをイメージして、頭の上から投げると、両方の練習にもなる。

「GK目線のシュート上達法」

クーバー・コーチングにも GK（ゴールキーパー）クラスがあります。現代サッカーの流れにそって、GK でもボールマスタリーを取り入れて、たくさんボールに触れる機会をつくるとともに、ステップワークや体の動かし方（重心移動）を身につけています。そんな GK クラスを教えている GK コーチに、「GK 目線のシュートの上達法」を聞いてみました。

Q アタッカーがどのような状態だと守りにくいですか？

A 体の近くにボールがあって、顔が上がっているときです。

GK がシュートを意識するのは、アタッカーがボールを持っていて、体の近くにボールがあって、顔が上がっているとき（アイズアップ）です。つまり、「いつでも蹴れる状態」ということです。

ボールが体から離れていれば、その瞬間にはボールを蹴ることができません。あとは、

アタッカーの顔がずっと下を向いているときは、周りが見えていないので、GKとしては「まだシュートは打ってこないだろう」と考える傾向にあります。

つねに体の近くにボールを置いて、いつでも蹴れる状態だと、GK はシュートやパスへの対応を考えながらプレーします。

Q どのシュートコースが取りにくいですか？

A 低いボールでゴールの隅をねらわれたときです。

GK の基本姿勢は立っている状態なので、そこから高いボールへの反応は早いです。でも、低いボールで、ゴールの隅をねらわれると対応しづらいです。低いボールが来ると、体を下ろすため、目線が大きく動くので、反応が遅れてしまいます。それとゴールの上の高さ、枠ギリギリのところも取りにくいです

ね。でもここはプロの選手でもねらうのは難しいコースですね。

力強くシュートして、シュートコースが甘くなるよりは、正確にゴロのシュートでコースをねらわれたほうが GK は嫌です。だから、アタッカーは練習からゴールの隅をねらえるように、習慣を身につけましょう。

Q はじめのセオリーとして、「ボールを見てコントロール→目線を上げてゴールの位置を確認→ボールを見てシュート」という流れを教わりますが、GKとしてはシュートのタイミングが取りやすいのではないでしょうか？

A まずはボールを見てシュートすることが大事！

ボールを見てシュートするのは基本中の基本なので、キッズ年代ではすごく大事なことです。もちろん GK としては、アタッカーがボールを見てからシュートしてきたら、タイミングはわかりやすいです。でも、それが

できなければ応用したプレーもできません。サッカーになれてきて、どんどん年代が上がっていけば、自然とボールを見ずに蹴れるようになります。まずはボールを見て、正確なシュートが蹴れるようになりましょう。

フィニッシュ

ボールを思い通りに操れるようになったら、今度はフィニッシュです。どんな場面でも対応できるように、さまざまなシチュエーションのトレーニングをこなし、自分の得意な形を見つけましょう。

矢印解説

➡ ボールの動き	⇢ 人の動き	⤸ ターンの動き	⬆ ジャンプ
〰 ボールタッチ	〰 足の踏み込み	〰 ドリブル	◀⋯ アイズアップ

フィニッシュで大切なこと

サッカーのだいご味でもある、フィニッシュ。
ボールを思い通り操れたら、正確なシュートが打てるようになります。

フィニッシュとは？

　正確なキックを身につけるのと同様に、シュートがうまくなるためには、やはり反復トレーニングが大切です。「目標物を決めてねらってキックして、当てたら得点！」みたいにホーム・アサインメントを取り入れるなど工夫して練習すると、より楽しく取り組めます。

　シュートする前には顔を上げて、ゴールの位置、GK のポジションを確認しましょう。ねらうコースを確認することができるようになれば、ゴールを奪える可能性が高くなるはずです。「ゴールへのパス」という表現をするくらい、ねらったところに正確に蹴れることが重要です。

　フィニッシュは得点を奪う、得点チャンスをつくるというコンセプトのもとに、「スキル＋フィジカルとメンタルの負荷に打ち勝つ強さ」が必要だと考えています。

大事なポイント

シュートの正確性を上げるためには、シュート時に「冷静でいること」です。では、冷静でいるためにはどうすればいいのか？　答えは「トレーニングする」（経験を積む）しかありません。そのために、いろいろなシチュエーションでやってみましょう。

試合中を想定して、「ドリブルしてからシュート」「フェイントしてから」「ファーストタッチしてから」。さらには、ボールが「横からくる」「後ろからくる」「前からくる」トレーニングもあります。相手との駆け引きの面では「相手が動いた反対へいく」「コールされた色に反応する」などもあります。

1つのメニューを連続して行い、身体的負荷をかけるのもいいでしょう。「何本正確に決められるか」など課題にチャレンジすれば、メンタルへの負荷もかけられます。試合中シュートチャンスは何度も訪れるわけではありません。その少ないチャンスをものにするためには、フィジカルやメンタルの負荷に対しても打ち勝って、冷静に対応しなければなりません。普段の練習からいろいろなシチュエーションでくり返し行うことが重要です。

トレーニングのコツ

試合中や練習中にシュートミスは必ずおこるものです。その原因を確認することも成長には欠かせません。相手のプレッシャーが気になってしまったのなら、メンタルが原因です。長い距離を走ってきて、ミスが出たのならフィジカル的な原因です。ボールのミートポイントや軸足の位置といった技術（スキル）の問題も出てくるでしょう。ミスの問題がどこにあったのかがわかれば、そこを集中してトレーニングするのもいいでしょう。そのために、各メニューには「メンタル」「フィジカル」「スキル」の表記があります。弱いところがあれば、そのメニューを集中して行うことをおすすめします。

基本的には一人でできるメニューが多いため、ゴールを使ったメニューではGKを立てずに、GKを想定したコーンをゴールの中央に立てています。「ゴールを見て、GKの位置を確認して、空いているコースをねらってシュートをしましょう」。「ゴールの隅をねらって、ゴールへのパス」を習慣化して身につけてもらうのがねらいです。

キックターゲット①

ゲートまでボールを持ち出して、
正確なキックでターゲットに当てる。

プレー動画は
こちらから

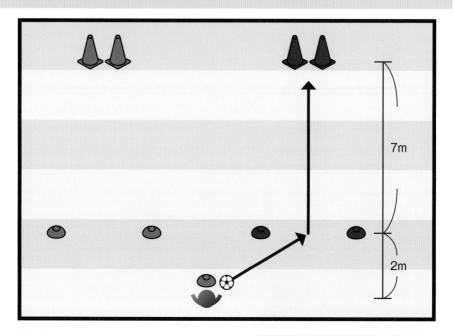

7m

2m

準備

スタート位置は中央から。左右にゲート（マーカーの幅1〜2m）をつくる。そこから7m離れた先に、ターゲットとなるコーンを立てる

進め方

❶足元に置いたボールを見る　❷左右どちらかのゲートへボールをファーストタッチで通過する　❸目線を上げてターゲットを確認　❹再びボールを見てキックする（キックはゴロでも、浮いた球でも当たればどちらでもいい）

ホーム・アサインメント

左右2回ずつやって、何回コーンに当てることができるか

バリエーション

■ターゲットの距離を伸ばす
■シュートする方法を決める
（インサイド・インステップなど）

アドバイス 1 ゲートを超えたらすぐに蹴れる位置にタッチ

COACH'S ADVISE

ファーストタッチでゲートを超えて、2タッチ目でターゲットをねらえるように、ファーストタッチの強さを調整する。

アドバイス 2 ターゲットをしっかり確認

COACH'S ADVISE

ボールを持ち出して、ターゲットへキックする前は目線を上げて、しっかりと確認する。

アドバイス 3 強さより正確性を重視する

COACH'S ADVISE

キックは「強くて、速いボール」よりも、「正確性」を重視して行う。正確にできるようになったら、強さや速さを上げてやってみる。

CHAPTER 1 ボールになれる ボールマスタリー

CHAPTER 2 ボールを操れる ボールマスタリー

CHAPTER 3 フィニッシュ

プレー動画は
こちらから

1タッチでコーンをかわして、
ターゲットであるコーンをねらってキックする。

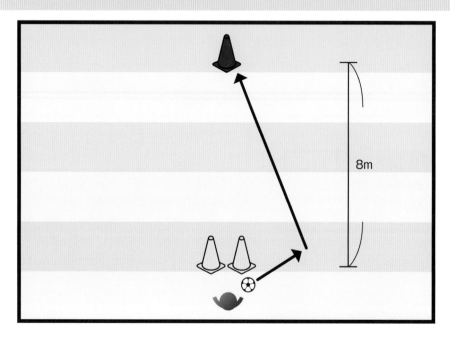

8m

準備

ディフェンダーに見立てたコーン（黄）を2つ
並べる。そこから8ｍ離れた先に、ターゲット
となるコーン（赤）を立てる

進め方

❶足元に置いたボールを見る　❷1タッチで
コーン（黄）の左右どちらかへボールを運ぶ
❸目線を上げてターゲット（赤）を確認　❹再
びボールを見てキックする

ホーム・アサインメント

4回中、何回コーンに当てること
ができるか

バリエーション

■ターゲットの距離を伸ばす
■コーンの幅を広げる
■シュートする方法を決める

アドバイス 1 ファーストタッチの「強さと方向」に気をつける

COACH'S ADVISE

2タッチ目でターゲットがねらえる位置に持ち出せるように、ファーストタッチの「強さ（強すぎず弱すぎず）と方向（ターゲットから離れすぎない）」に気をつける。

アドバイス 2 「ボール→ターゲット→ボール」を確認

COACH'S ADVISE

1タッチでボールを持ち出して、キックする前は目線を上げる。「ボール→ターゲット→ボール」の順で確認する。

アドバイス 3 タッチしてからキックまでの動作の型

COACH'S ADVISE

ファーストタッチでボールを持ち出してから、できるだけ歩数を少なく、距離も短くして、すぐにシュート動作に入れるようにしよう。自分の「タッチしてからキックまでの動作の型」を習得する。

キックターゲット③

パスを受けて、ファーストタッチでコーンをかわし、
ターゲットをねらってキックする。

プレー動画は
こちらから

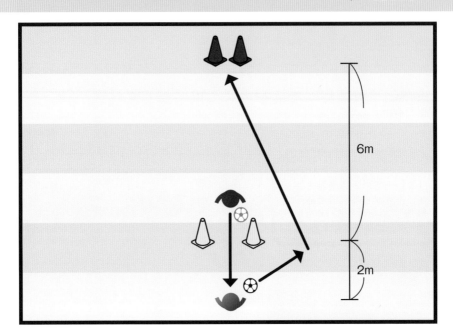

6m

2m

準備

スタート位置から2m前にコーン（黄）を2つ
並べる。その間にパサー（赤）が立つ。そこか
ら6m先に、ターゲット（赤）を立てる

進め方

❶パサー（赤）からパスを受ける　❷アタッ
カー（青）は左右どちらかのコーン（黄）の外
側へボールを運ぶ　❸目線を上げてターゲット
（赤）を確認　❹再びボールを見てキックする

ホーム・アサインメント

4回中、何回コーンに当てること
ができるか

バリエーション

■ターゲットの距離を伸ばす
■コーン（黄）の幅を広げる

アドバイス 1 正確なボールコントロール

COACH'S ADVISE

パスを受けるときのボールコントロールは、足元に止めるのではなく、1タッチでコーン（黄）の外側のスペースへ正確に運ぶ。

アドバイス 2 2タッチ目でねらえる位置に運ぶ

COACH'S ADVISE

ターゲットをねらえるまでに何タッチもするのではなく、ファーストタッチで斜め前に持ち出し、次の2タッチ目でねらえる位置にボールを運ぶ。

アドバイス 3 軸足の位置も意識する

COACH'S ADVISE

ターゲットに当たらなかったときは、蹴ったボールの位置（ミートポイント）や軸足の位置を確認して、自分に合った正確な蹴り方を意識しよう。

ノーバウンド連続ゴール

ゴールの正面から、ノーバウンドでゴールに決める。
何回連続で決めることができるかやってみる。

プレー動画は
こちらから

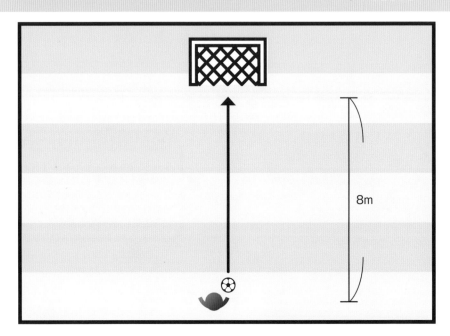

8m

準備

ゴール（ゴールがない場合は壁やゴールに変わるターゲットでもいい）から8m離れたスポットから蹴る

進め方

❶ゴールをねらって、ノーバウンドの鋭いボールを蹴って、ゴールに決める

ホーム・アサインメント

3本中、何本ノーバウンドで決められるか

バリエーション

■何本連続で決められるか
■ゴールまでの距離を延ばす

CHAPTER
1
ボールになれる
ボールマスタリー

CHAPTER
2
ボールを操れる
ボールマスタリー

CHAPTER
3
フィニッシュ

アドバイス 1　集中して同じようなキックで行う

COACH'S ADVISE

つねに当たり前にゴールが決められるようにするのがねらい。ノーバウンドで鋭いシュートを決めるように集中しよう。

アドバイス 2　きれいなキックフォーム

COACH'S ADVISE

どんな状況でもいつもの自分の形を発揮できるようにするため、手を大きく開き、足も大きく振り上げて、きれいなキックフォームを意識してやってみよう。

アドバイス 3　ミートポイントの確認

COACH'S ADVISE

ボールを浮かすには、ボールの中心より少し下を蹴る。そして、できるだけフワッとしたボールではなく、ネットに突き刺さるような鋭いキックでゴールを決めよう。

コントロールして シュート①

1タッチでボールをコーンの前に通して、
自分はコーンの後ろを通る。コーンの先でダイレクトシュート。

プレー動画は
こちらから

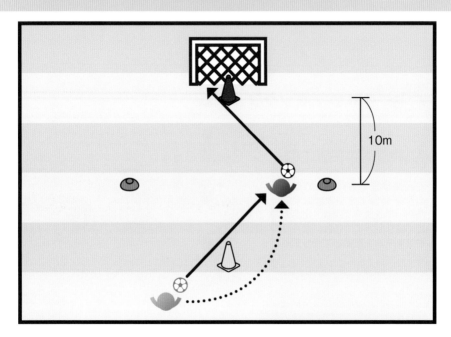

10m

準備

コーン（黄）の斜め後ろ（1~2m）からスタート。
ゴールの中央にGK（ゴールキーパー）を想定
したコーン（赤）を置く。ゴールから10m手前
にシュートライン（オレンジマーカー）を設定

進め方

❶ボールをコーンの前に通して、自分はコーン
の後ろを通る　❷コーンを回ったらダイレク
トでシュート（＊シュートラインの手前から
シュート）

ホーム・アサインメント

3回中、何回ダイレクトでシュー
トを決められるか

バリエーション

■スタート位置とコーンの位置の
距離を伸ばす

アドバイス 1　ファーストタッチの強さをコントロール

COACH'S ADVISE

止まったボールからのスタートだが、コーンを超えたところで、ダイレクトでシュートできるようにファーストタッチの強さをコントロールしよう。

アドバイス 2　自分のスピードが落ちないようなタッチ

COACH'S ADVISE

ボールを追いかける、自分のスピードが落ちないようなボールスピードで行う。

アドバイス 3　シュートはゴールの端をねらう

COACH'S ADVISE

移動中にゴールを確認して、ゴールの中央にあるGKを想定したコーン（赤）に当てないよう、左右どちらかのゴールの端をねらう。

CHAPTER 1　ボールになれる　ボールマスタリー

CHAPTER 2　ボールを操れる　ボールマスタリー

CHAPTER 3　フィニッシュ

メンタル　フィジカル　**スキル**

反応してシュート①

後ろからくるボールに対して、
すばやくリアクションしてシュートする。

プレー動画は
こちらから

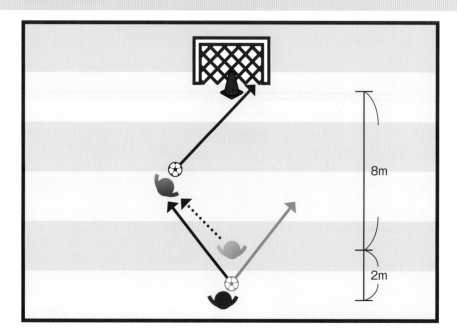

8m

2m

準備

パサー（赤）が中央でボールを持って、アタッ
カー（青）は2m前に後ろ向き（ゴール向き）
に立つ

進め方

❶パサー（赤）がボールを持って、左右のどち
らかへゴロのパスを出す　❷アタッカー（青）
は背を向けたまま、ボールを見ずに、右か左か
ら出てきたパスに対してすばやく反応する
❸ゴールの隅をねらってシュートする

ホーム・アサインメント

4回中、何回ゴールの隅に決める
ことができるか

バリエーション

■パスをバウンドボールで出す

アドバイス 1 ボールが出るまで後ろは見ない

COACH'S ADVISE

ボールが出てくるタイミングがわからないが、後ろを見ずに待って、すばやく反応する。

アドバイス 2 どちらにも動き出せるよう準備する

COACH'S ADVISE

左右を予測しすぎず、出てきたボールに対してすばやくリアクションできるように、ステップを踏むなど準備をしておく。

アドバイス 3 あわてずに正確なフィニッシュ

COACH'S ADVISE

シュートする前のステップは細かく刻み、ボールヘアプローチして、あわてずに正確なフィニッシュをする。

メンタル フィジカル スキル

反応してシュート②

相手の動きを見て、反対方向へボールコントロールして
シュートへ持ち込む。相手をよく見て判断しよう。

プレー動画は
こちらから

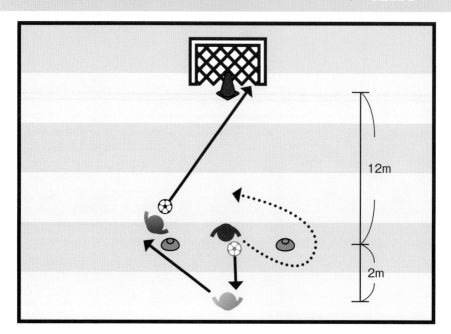

12m

2m

準備

ゴールから12m離れたところにマーカー（オ
レンジ）を２つ置く。さらに２m離れたところ
からスタートする

進め方

❶ディフェンダー（赤）がボールを持ってア
タッカー（青）へパス　❷ディフェンダーは左
右どちらかのマーカーを回る　❸アタッカーは
ディフェンダーが移動したマーカーとは反対の
方向へボールをコントロール　❹ディフェン
ダーが寄せてくる前にシュートする

ホーム・アサインメント

４回中、何回ゴールの隅に決めら
れるか

バリエーション

■マーカーの距離をせばめて、
プレッシャーの強度を上げる

アドバイス 1 相手の動きを見て方向を決める

COACH'S ADVISE

ディフェンダーからのパスの移動中に、相手の動きを見て、ファーストタッチする方向をすばやく判断する。

アドバイス 2 2タッチ目でフィニッシュができるように強さを調整する

COACH'S ADVISE

ファーストタッチで方向を判断し、2タッチ目でフィニッシュができるようにタッチの強さを調整する。

アドバイス 3 ディフェンダーの位置とゴールの位置を確認

COACH'S ADVISE

ファーストタッチでボールを持ち出したら、目線を上げて、ディフェンダーの位置とゴールの位置を確認する。相手がくる前にシュートする。

メンタル | **フィジカル** | **スキル**

コントロールして シュート②

サイドに開いてからボールを受けて、ゴールの方向にコントロールする。動きながらボールコントロールして、ゴールを意識する。

プレー動画は
こちらから

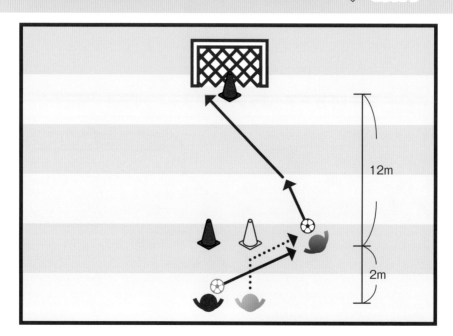

12m

2m

準備

ゴールから12mのところにコーンを2つ（赤・黄）並べる。コーンからさらに2ｍ離れたところからスタートする

進め方

❶パサー（赤）がボールを持ってスタート ❷アタッカー（青）は赤か黄どちらかのコーンにタッチする ❸赤なら左に、黄なら右に開く ❹アタッカーは移動中にパスを要求する ❺ゴール方向にボールをコントロールしてシュートする

ホーム・アサインメント

ミスなく、何本連続でシュートを決められるか

バリエーション

■パサーが「赤」か「黄色」の色をコールした、反対方向へ進む

アドバイス 1 外側に開くときにボールとゴールが見えるようにステップ

COACH'S ADVISE

（ボールを受ける前）外側に開くときは、走りながらボールとゴールが見えるように、バックステップで開く。

アドバイス 2 パスコースを要求する

COACH'S ADVISE

パスを欲しいタイミングの要求はもちろんのこと、パスを受けるコースも要求。声と手を使ってしっかりアピールする。

ヘイ！

アドバイス 3 半身になってパスを受ける

COACH'S ADVISE

タッチラインを背にしてボールを受ける。ボールもゴールも見えるように半身になると、ゴール方向へコントロールがやりやすい。

CHAPTER 1 ボールになれるボールマスタリー

CHAPTER 2 ボールを操れるボールマスタリー

CHAPTER 3 フィニッシュ

メンタル フィジカル スキル

ターンしてシュート

後ろからのパスを動きながら受けて、シュート。
ボールに対して、最短距離でターンし、連続して行う。

プレー動画は
こちらから

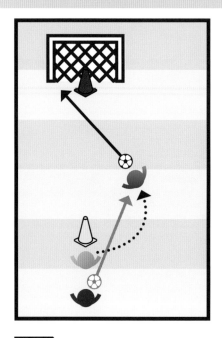

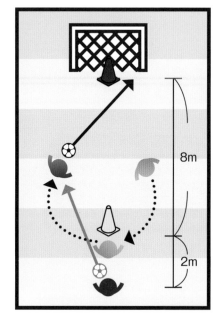

8m

2m

準備

ゴールから8mのところにコーン（黄）を置き、
アタッカー（青）はここからスタート。さらに
2m離れたところにパサー（赤）が立つ

進め方

❶パサーのタイミングでボールを左右どちらか
に出してスタート　❷アタッカーは前向きの
まま、ボールに反応してシュート　❸すぐに
スタート位置にもどり、コーンをタッチ　❹パ
サーは反対側にパスを出す　❺アタッカーは切
り替えてシュートする

ホーム・アサインメント

30秒間で、何本シュートを決め
られるか（＊タイムトライアルで「メンタルの
負荷」をかける）

バリエーション

■パスを浮き球で出す　■左右順
番ではなく、パサーが自由に出す

CHAPTER
1
ボールになれる
ボールマスタリー

CHAPTER
2
ボールを操れる
ボールマスタリー

CHAPTER
3
フィニッシュ

アドバイス 1 ボールとゴールを見る

COACH'S ADVISE

出てきたパスに反応して、ボールとゴールをしっかり確認してシュートする。GKコーンに当てないようにゴールの隅をねらう。

アドバイス 2 ターンしたらすぐにボールを見る

COACH'S ADVISE

コーン（黄）をタッチして、ターンしたら、すぐにボールを見るようにする（ボールを自分の左側で受けるか、右側で受けるかは自由）。

アドバイス 3 すぐに切り替えて最短距離でターンする

COACH'S ADVISE

シュートしたあと、もしはずしたとしても、切り替えてすぐにコーンをタッチする。できるだけ最短距離でターンし、連続して行う。

メンタル　フィジカル　スキル

回り込みシュート

反対サイドから走り込んで、パスをダイレクトでシュートする。
コースを正確にねらってやってみよう。

プレー動画は
こちらから

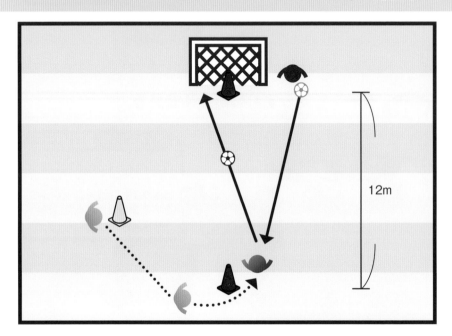

12m

準備

ゴールから12mの位置にコーン（赤）を置く。
そこから外側にスタート位置のコーン（黄）を
置く

進め方

❶アタッカー（青）はコーン（赤）を回る　❷
パサー（赤）は回ってくるアタッカーに向かっ
てゴロのパスを出す　❸できるだけダイレクト
でシュートする

ホーム・アサインメント

1分間で、何本シュートを決めら
れるか

バリエーション

■パサーはバウンドボールでパス
を出す

アドバイス 1 いいタイミングでパスを要求する

COACH'S ADVISE

移動中にゴールを確認して、いいタイミングでパスを要求する。タイミングはコーン（赤）を回る直前くらいがいい。

ヘイ！

アドバイス 2 パスに対する助走の角度

COACH'S ADVISE

基本的にはパサーに対して、蹴りたい足のほうにパスを要求するが、すべてが思い通りにはこない。そのときはパスの軌道に入り、助走の角度を調整しよう。

アドバイス 3 強さよりも正確なシュート

COACH'S ADVISE

足を大きく振ってボールを強く蹴るよりも、しっかりとミートすることを心がけて、ゴールの端を正確にねらって打つ。ミスしたときは、軸足の位置、ボールのミートポイントを確認しよう。

CHAPTER 1 ボールになれる ボールマスタリー

CHAPTER 2 ボールを操れる ボールマスタリー

CHAPTER 3 フィニッシュ

メンタル　フィジカル　**スキル**

コントロールして シュート③

その場から真上にボールを上げて、インサイドでボールを前に
コントロールする。次のタッチでシュートする。

プレー動画は
こちらから

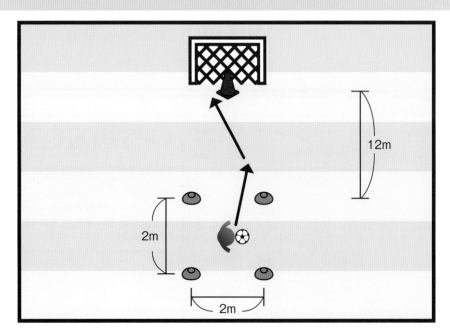

12m

2m

2m

準備

ゴールから12m離れたところに、2m四方の
エリアをつくる。そこがスタート位置。ゴール
の中央にGKを想定したコーン（赤）を置く

進め方

❶手でボールを持って、その場から真上にボー
ルを投げる　❷インサイドでゴール方向へボー
ルタッチして、エリアの外へ運ぶ　❸ゴールの
隅をねらってシュートする

ホーム・アサインメント

1分間で、ボールを正確にコント
ロールして、何本シュートを決め
られるか

バリエーション

■蹴ってボールを上げる　■アウ
トサイドや足の裏でコントロール

アドバイス 1　ボールが空中にあるときに周辺を確認

COACH'S ADVISE

実際の試合では、浮き球のボールは相手も寄せてくる。それを想定して、ボールが空中にあるときにボールと周辺を確認する。習慣化しよう。

アドバイス 2　半身になってボールタッチ

【半身】　【正面】

COACH'S ADVISE

インサイドでボールタッチするときは、ゴールに対して体を正面にしてタッチするのではなく、半身になってタッチするとやりやすい（アウトサイドや足の裏は正面でもいい）。

アドバイス 3　ショートバウンドしたところでボールタッチ

COACH'S ADVISE

ボールタッチは、ショートバウンドしたボールの上がり際をインサイドの面で上からとらえると、前にゴロのボールでコントロールできる。また、体を進む方向に倒しながらやると、次の1歩が出やすくなる。

コントロールして シュート④

正面から浮き球のパスを受け、斜め前にコントロールして、
シュートする。正確なコントロールからゴールを決める。

プレー動画は
こちらから

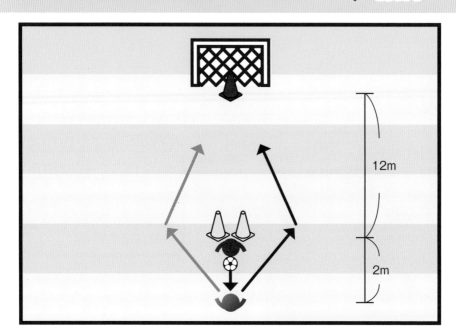

12m

2m

準備

ゴールから12m 離れたところにコーン（黄）
を置き、パサー（赤）はここに立つ。アタッカー
（青）はそこから2m のところに立つ

進め方

❶パサー（赤）が手で浮き球を投げる　❷ア
タッカー（青）は1タッチで斜め前にコントロー
ル　❸コーンをかわしてからシュートする

ホーム・アサインメント

４回中、何本シュートを決められ
るか

バリエーション

■投げたパサーがアタッカーに
寄せて、相手を意識する

アドバイス 1　ステップを合わせてボールにアプローチする

COACH'S ADVISE

ショートバウンドの上がり際をコントロールできるように、ステップを合わせてボールにアプローチする。ボールの上からタッチしてゴロになるように抑える。

アドバイス 2　タッチの方向を意識する

COACH'S ADVISE

ファーストタッチの方向は斜め前にタッチして、ゴールから離れすぎないようにする。タッチは、インサイド・アウトサイド・足の裏でもやってみる。

アドバイス 3　かわしたあとに、ゴールを確認

COACH'S ADVISE

ファーストタッチでコーンをかわしたあとは、ゴールを確認する。「ボール→ゴール→ボール」の順に確認して、ゴールの隅をねらう。

フェイントして シュート①

ゴールを背にしてパスを受け、
1度フェイントを入れてから前を向き、シュートへ持ち込む。

プレー動画は
こちらから

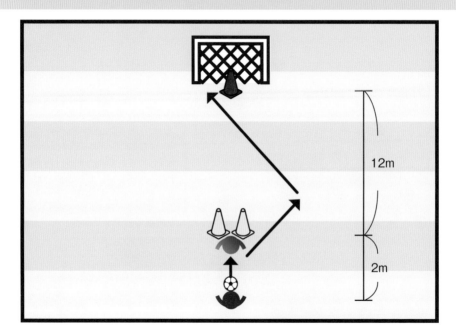

12m

2m

準備

ゴールから12mのところにコーン（黄）を置く。アタッカー（青）はここからスタート。そこから2m先にパサー（赤）が立つ

進め方

❶パサー（赤）がボールを持って、アタッカー（青）の足元にパス　❷コーンを背にして立つアタッカーはボールを足元に止める　❸フェイントを入れてコーンをかわす　❹ゴールの隅をねらってシュートする

ホーム・アサインメント

3回中、何本シュートを決められるか

バリエーション

■浮き球のパスでやってみる

CHAPTER
1
ボールになれる
ボールマスタリー

CHAPTER
2
ボールを操れる
ボールマスタリー

CHAPTER
3
フィニッシュ

アドバイス 1 ディフェンダーを背負っていることを想定

COACH'S ADVISE

ボールと相手（コーン）の間に自分の体を入れ、シールディング（ボールを守る）して、ボールを足元に止める。

アドバイス 2 足元に止めてフェイント！

COACH'S ADVISE

ゴールを背にして、ボールを足元に止める。フェイントしてから、ゴール方向へターンをする。いろいろなフェイントやターンを使ってやってみよう。

アドバイス 3 タッチの方向に注意

COACH'S ADVISE

試合では、ターンしたあとのボールタッチは、横に動かすこともある。しかし、ここでは外に逃げすぎないように横ではなく、ゴール方向へ斜め前に持ち出す。そこからゴールを確認してシュートする。

フィニッシュ
3-14

連続ターン(縦)

エリアの中で、ターンを2回してからゴールをねらう。
相手を想定して時間をかけずにフィニッシュへ持ち込む。

プレー動画は
こちらから

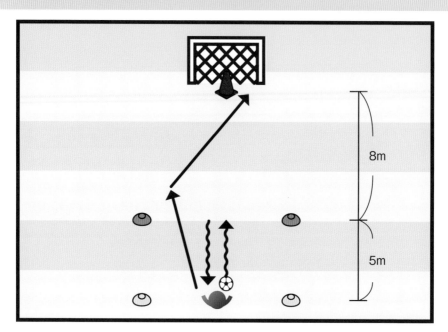

8m

5m

準備

ゴールから8m離れたところに、マーカー（オレンジ）を置き、そこからさらに奥5m先にマーカー（黄）を置く

進め方

❶マーカー（黄）からスタート　❷マーカー（オレンジ）までボールを持ち出してターン　❸すぐにマーカー（黄）までもどり2回目のターン
❹2回ターンしたら、すぐにシュートする

ホーム・アサインメント

スタートからゴールを決めるまで、
何秒かかるか

バリエーション

■友達と競争形式（メンタルの負荷）　■ターンを4回行う（フィジカルの負荷）

アドバイス 1 加速して、止まる

COACH'S ADVISE

ターンしたあとはすぐに加速して、ピタッと止まってターンをする。時間をかけずにターンできるようにする。

アドバイス 2 いろいろなタッチでターンしてみる

COACH'S ADVISE

インサイドカットやアウトサイドカット、またはUターンドリブル（68ページ）やテイクプルプッシュビハインド（70ページ）などをアレンジしていろいろなターンでやってみる。

【アウトサイドカット】

【Uターンドリブル】

アドバイス 3 シュートへの持ち出すタッチ

COACH'S ADVISE

2回目のターンしたあと、すばやくシュートができるように、シュートが打ちやすい位置にボールを持ち出す。ボールの置きどころに気をつけてタッチしよう。

連続ターン(横)

エリアの中で、ターンを2回してからゴールをねらう。
相手を想定して時間をかけずにフィニッシュへ持ち込む。

プレー動画は
こちらから

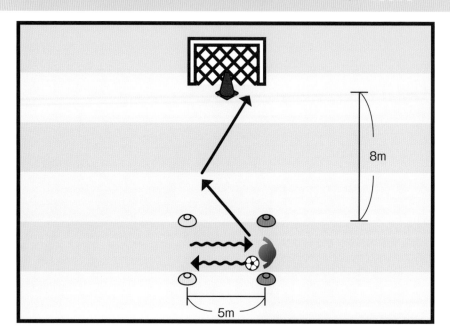

8m

5m

準備

ゴールから8m離れたところに、マーカー(黄)
を置き、そこから横向きに5m幅でマーカー
(オレンジ)を置く

進め方

❶(左足でシュートを打つ場合は)マーカー(オ
レンジ)からスタート ❷マーカー(黄)まで
ボールを持ち出してターン ❸すぐにマーカー
(オレンジ)までもどって、2回目のターン
❹2回ターンをしたら、すぐにシュートする

(＊右足でシュートする場合はマーカー(黄)からスタート)

ホーム・アサインメント

スタートからゴールを決めるまで、
何秒かかるか

バリエーション

■友達と競争形式（メンタルの負
荷）■ターンを4回行う（フィ
ジカルの負荷）

アドバイス
1 ターン後、少ないタッチで次のマーカーにいく

COACH'S ADVISE

「連続ターン（縦）」も同様に、ターン後は、少ないタッチで次のマーカーにいく。理想はマーカーからマーカーまで1タッチでいく。

アドバイス
2 最短コースでボールを運ぶ

COACH'S ADVISE

「連続ターン（縦）」も同様に、最短コースでボールを運ぶために、まっすぐドリブル（ターンもまっすぐもどる）する。また、ターンしたあと、目線を上げる。

アドバイス
3 シュートへの持ち出すタッチ

COACH'S ADVISE

シュートへ持ち出すタッチは斜め前（黄色矢印）でもいいが、試合を想定するならば、横へ持ち出して（赤矢印）打つのもいい。ゴールを見て、コースを確認してシュートしよう。

CHAPTER
1
ボールになれる
ボールマスタリー

CHAPTER
2
ボールを操れる
ボールマスタリー

CHAPTER
3
フィニッシュ

「8の字」ドリブルシュート

ドリブルで左右どちらかのマーカーを回り、対角にあるマーカーを回ってからシュート。細かいタッチでターンする。

プレー動画はこちらから

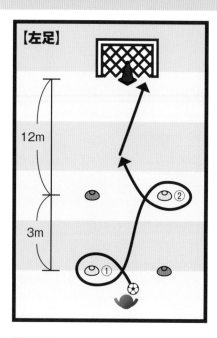

【左足】

12m

3m

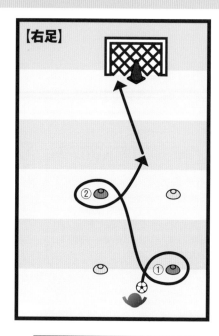

【右足】

準備

ゴールから12mのところに3m四方のエリアをつくる。ゴールの中央にGKを想定したコーン（赤）を置く

進め方

❶マーカーの間からスタート ❷左右どちらかのマーカーを回る ❸「①」のマーカーはアウトサイドでタッチ ❹対角にあるマーカーへ移動する ❺「②」のマーカーはインサイドでタッチ ❻ゴールを確認してシュートする

ホーム・アサインメント

■正確なタッチから、シュートまで何秒で決められるか

バリエーション

■友達と競争する
■リフティングしながら回る

アドバイス 1　回るときは細かくタッチ

COACH'S ADVISE

マーカーを回るときは、軸足を細かくステップして、ボールも細かくタッチする。さらに、マーカーの近くを回る（ふくらみすぎない）

アドバイス 2　マーカー間は少ないタッチで

COACH'S ADVISE

1つ目のマーカーから2つ目のマーカーへ移動するとき、少ないタッチ（なるべく1タッチ）で次のマーカーまでいく。

アドバイス 3　ラン・ウィズ・ザ・ボール

COACH'S ADVISE

つねにボールと一緒に進む「ラン・ウィズ・ザ・ボール」（Run with the ball）で行う。足元からボールが離れずにターンしたら、すぐにシュートを打つ。

CHAPTER 1　ボールになれる　ボールマスタリー

CHAPTER 2　ボールを操れる　ボールマスタリー

CHAPTER 3　フィニッシュ

メンタル フィジカル **スキル**

フェイントして シュート②

ペナルティエリアの角でプレーするイメージ。
ワンフェイント入れて、シュートへ持ち込む。

プレー動画は
こちらから

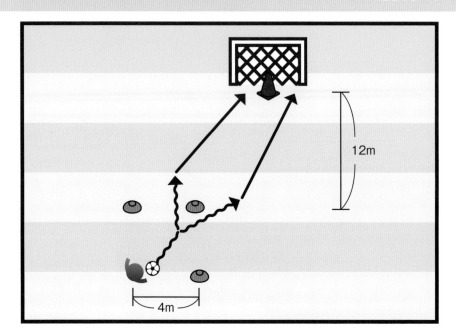

12m

4m

準備

ゴールから12m離れたサイドに、4m四方の
エリアをつくる。そこからスタート。ゴールの
中央にGKを想定したコーン（赤）を置く

進め方

❶エリアの中でフェイントする　❷縦または、
内側へボールを運ぶ　❸すぐにゴールの隅をね
らってシュートする　❹右サイドのエリアから
もやってみる

ホーム・アサインメント

4回中、何回ゴールの隅に決めら
れるか

バリエーション

■実際にディフェンダーをつけて
1対1でやってみる

アドバイス 1 目の前のマーカーをディフェンダーと想定する

COACH'S ADVISE

目の前のマーカーをディフェンダーと想定して、マーカーとの距離感も考えて仕掛ける。テクニックの反復で自分の形を習得する。

アドバイス 2 内側にも、縦にも突破する

COACH'S ADVISE

フェイントをしたら、左右どちらか、内側へのカットインか、縦への突破をやってみる。いろいろなフェイントを使ってやってみよう。

【内側】

【縦】

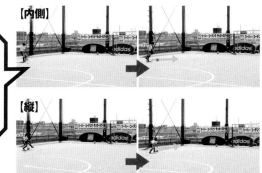

アドバイス 3 突破したらすぐシュート

COACH'S ADVISE

フェイントして突破したあと、ゴールの位置を確認して、すばやくシュートする。抜けた方向によって打つ足を変える。両方の足でシュートが打てるようになろう。

メンタル　フィジカル　スキル

反応してシュート③

指示された色の方向へファーストタッチ。
コーンをかわしたらシュート。

プレー動画は
こちらから

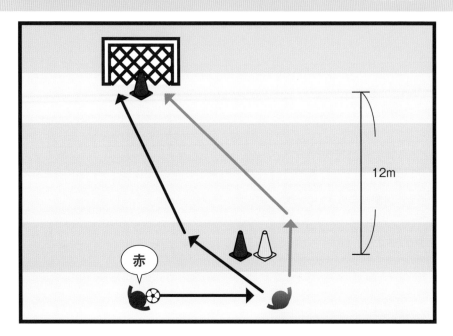

赤

12m

準備

ゴールから12m離れたところに赤と黄色の
コーンを2本並べる。アタッカー（青）はサイ
ドから。パサー（赤）は中央からスタート

進め方

❶パサー（赤）がボールを持って、アタッカー
（青）の足元へパス　❷パサーはパスを出すと
きに色を指定する　❸アタッカーは指定された
色のコーンの外側へファーストタッチ　❹コー
ンをかわしたらシュートする

ホーム・アサインメント

何本連続でゴールの隅に決められ
るか

バリエーション

■指定された色の反対のコーンへ
タッチする（「赤」→黄色へ。「黄
色」→赤へ）

アドバイス 1 指示される声にすばやく反応する

COACH'S ADVISE

パサーからの指示される声に、すばやく反応できるよう集中する。耳と目と頭を使って、体で反応しよう。

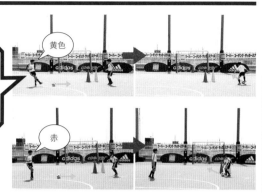

アドバイス 2 足元に止めず、スペースへ持ち出す

COACH'S ADVISE

ボールは足元に止めず、時間をかけないで、ファーストタッチでスペースへ持ち出す。

アドバイス 3 2タッチ目でシュートする

COACH'S ADVISE

2タッチ目でシュートできるところにファーストタッチする。また、ファーストタッチ後のボールの移動中に、ゴールを確認して、正確にゴールの隅をねらう。

メンタル	フィジカル	スキル

ストラックアウト①

パスを受けて、角度の違う４つのゴールへ、
連続してすばやく正確にシュートを決める。

プレー動画は
こちらから

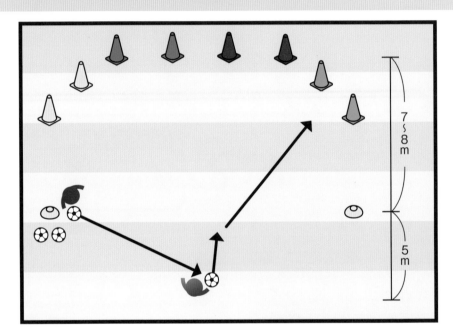

準備

コーンやマーカーなどで１〜２mの幅のゴール
を４つ設定する。ゴールから、８m離れた中
央からゴールをねらう

進め方

❶左にいるパサー（赤）からパスを受ける　❷ボールに触れてから、１球につき３秒
以内にシュートする　❸４つのゴールへ順にシュート（どの順番でもよい）　❹４球
連続して行う

＊動画では、黄：右足、青：左足、赤：右足、緑：左足でシュートするルールで行った。
一人で行う場合は、足元にボールを４つ置いておき、連続して行う

アドバイス 1　ファーストタッチの置きどころ

【赤ゴールをねらう】

【緑ゴールをねらう】

COACH'S ADVISE

ファーストタッチで、すぐにゴールがねらえるボールの置きどころを意識する。
足元に入りすぎず、離れすぎない位置で、角度の違うゴールに対応する。

アドバイス 2　「ボール・ゴール・ボール」を確認

❶　❷

❸

COACH'S ADVISE

パスを受けたら「ボール・ゴール・ボール」の順に目で確認する。シュートするときは目線だけでなく、ゴールに対して体の向きも意識しよう。

バリエーション　いろいろなパターンでやってみる

■蹴り足を指定する
　アウトサイドのみ／利き足と反対足のみなど

■パスの変化
　パススピードを上げる／浮き球パス

■一人でやる場合
　リフティングを5回やってからシュート／
　浮き球をボレーでシュート

ストラックアウト②

パスを1タッチコントロールして、合図された色のターゲットへシュートする。すばやい判断で、正確にコーンをねらう。

プレー動画は
こちらから

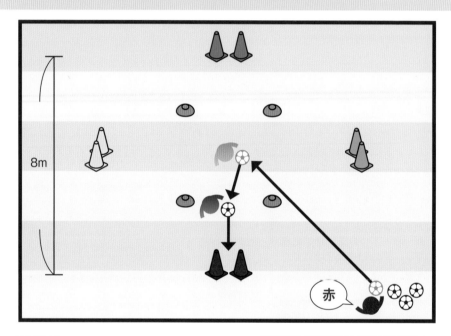

赤

準備

2m四方のエリアを中央につくり、アタッカー（青）はその中でパスを受ける。中央エリアから3m離れた位置に4つターゲット（コーン）を置く。パサー（赤）はターゲットの外側からパスをする

ホーム・アサインメント

何回目で4つすべてのターゲット
に当てることができるか

進め方

❶パサー（赤）からアタッカー（青）へパスをする　❷パサーは蹴るときにターゲットの「色」をコールして、ターゲットを指定する　❸アタッカーは中央エリアでパスを受けて、ファーストタッチでエリア外へコントロール　❹指定された色をねらう

CHAPTER
1
ボールになれる
ボールマスタリー

CHAPTER
2
ボールを操れる
ボールマスタリー

CHAPTER
3
フィニッシュ

アドバイス 1 ファーストタッチでエリアの外にコントロール

COACH'S ADVISE

ターゲットの位置をあわてず、すばやく判断する。時間をかけず、ファーストタッチでエリアの外にボールコントロールして、ターゲットねらう。

アドバイス 2 ボールを受けるときの体の向きが重要

COACH'S ADVISE

360度にターゲットがあるため、ボールを受けるときの体の向きが重要になる。細かいステップで、どの向きにも対応できるように準備して、ターゲットの方向へ1タッチでボールコントロールできるようにしよう。

バリエーション いろいろなパターンでやってみる

メッシ

■ねらうターゲットの指定を変える
　数字／ABC／選手名など頭を使いながら
　やってみる

■蹴り足を指定する
　アウトサイドのみ／利き足と反対足のみなど

■パスの変化
　パススピードを上げる／浮き球パス

ラインキャッチ

境界線の向こう側へボールを投げて、ボールを落とさずキャッチ。
ボールの強さ、落下地点へのすばやさが求められる。

プレー動画は
こちらから

準備

中央に境界線となるマーカーを置く。そこから
4m離れたところからスタート。反対側に境界
線から3mと6m先にマーカーを2つ置く

ホーム・アサインメント

2つの距離を交互に行い

何回連続でキャッチできるか

進め方

❶スタート位置からボールを手で投げる　❷境界線の反対側へ移動してマーカーの位
置でボールを落とさずにキャッチ　❸2つの距離でやってみる

CHAPTER
1
ボールになれる
ボールマスタリー

CHAPTER
2
ボールを操れる
ボールマスタリー

CHAPTER
3
フィニッシュ

アドバイス 1 投げる強さと高さを調整する

COACH'S ADVISE

自分がマーカーまでどのくらい離れているのかの「距離を認知」して、投げる強さとボールの高さ（角度）を覚えよう。（ボールは高く上げすぎないで、できるだけ低く、すばやく行う）

アドバイス 2 ボールコントロール

COACH'S ADVISE

ヘディングするときに最も大事なのは「空間認知能力」です。ボールの軌道を見て、落下地点をいち早く見つけることです。投げたあと、できるだけ早くボールの落下地点に入ろう。

バリエーション ボールをキックしてやってみる

蹴ったボールを反対側で落とさずに手でキャッチする。何度かやってみて、キックの強さと高さを調整する。できるようになったら、リフティングのように、落ちてきたボールを足でコントロールしてみよう。

クーバー・コーチング

PKを蹴るとき のあなたの考えは？

全国にあるクーバー・コーチングのコーチにPK
のポイントをアンケートしました。
ボールからゴールまで（小学生は）8m（正規は
11m）の距離をどう考えているか。
一人ひとり様々な考え方があるPKですが、ある
程度答えは導かれているようです。

Q1 どこを狙えばいいですか？
（キッカーから見て）

GKの動きを見て決める	38
右下	36
左下	23
右上	9
左上	6
真ん中	2

Q2 インステップとインサイド
どちらがいいですか？

インサイド	87
インステップ	27

Q3 助走の角度はボールに対して
どの角度がいいですか？

45度	96
正面	14
80度	3
助走なし	1

Q4 助走の長さはボールから
どのくらいがいいですか？

5m以内	77
2m	25
5m以上	11
助走なし	1

Q5 コースをねらうか、
思いっきり蹴るか、
どちらがいいですか？

コースを狙う	97
思いっきり蹴る	17

Q6 キックフォームは大きいほうが
いいか、小さいほうがいいか、
どちらがいいですか？

小さいほうがいい	83
大きいほうがいい	31

Q7 GKを見たり、蹴るコースを
わざと見たりするなど、GK
との駆け引きは必要ですか？

必要。駆け引きして逆を取る	66
必要ない。自分を信じて蹴る	48

フィニッシュ上達のためのアドバイス 「PKの上達法」

フィニッシュの1つとして、PKがあります。サッカーではこれも大事なゴールパターンです。蹴る機会はあまりないかもしれませんが、いざ試合でPKの場面が訪れたときに、プレッシャーを感じてしまい、いつもの蹴り方ができなくなってしまう。プロの選手でもよくあることです。そうならないようにどうすればいいのか、全国のスクールコーチたちのアンケート結果（左ページ）からアドバイスを紹介しましょう。

あくまでも参考ですので、ヒントから自分に合ったコースを見つけ出しましょう。

Q どのコースに蹴るのがいいですか？

A 右下のコースへ蹴るのが最多票！

右利きの選手ならキッカー側から見て右下。左利きの選手なら左下へ蹴るのがいいでしょう。ボールを見ずに蹴れるくらいにフィーリングが上がれば、「GKの動きを見て蹴るコースを決める」のが一番いいです。でも、キックが安定しないキッズ年代では、蹴ることに集中して、プレー中と同様に、

ゴール下の隅へ正確に蹴ることが大事です。

PKのときは、GKは高いボールにも対応できるように、基本姿勢（フラットに立った状態）で構えます。なので、高いボールよりも低いほうが対応しにくいです。それでいて、ゴールの隅をねらえたら高い確率で入るでしょう。

Q 助走の取り方はどうすればいいですか？

A ボールから5m以内、角度は斜め45度からがおすすめ！

助走を取るのは、勢いをつけてボールを蹴るためです。ボールから「2～5mくらい」ある程度の距離を取るのがいいでしょう。ボールに対しての角度は「斜め45度」をおすすめします。GKにとっても斜め45度から入ってこられると、どちらのサイドに蹴るかわかりにくい角度でもあります。

キッカーのスキルにもよりますが、PKのときは、体の向きやひねり、足首の使い方で左右へ蹴り分けができます。それがやりやすいのが斜め45度の角度です。

小学生コートでいうと、ペナルティーエリアが12m。なので、ペナルティーエリアのラインからペナルティーアークあたりでスタンバイすると、ボールから5m以内に立つことができます。

Q どんな蹴り方がいいですか？

A インサイドキックで正確にコースをねらおう！

大きなキックモーションからインステップキックで思いっきり蹴るのも、もちろんいいと思います。強くて速いシュートが打てるので、多少コースが甘くても枠に飛べば、決まる可能性はあります。しかし、これまで述べてきた通り、PK でも強さより正確なシュートを求めるため、確実に自分の思ったコースに蹴れるインサイドキックで、ゴール隅をねらいましょう。キックモーションが小さいとよりよく、GK に蹴るタイミングや蹴る方向が読まれにくいです。

スキルが上がると、インサイドキックなら蹴るギリギリまで GK の動きを見て、股関節の動きや足首の角度の変化で蹴るコースを変えることもできるようになります。

Q キッカーとGKとの駆け引きは必要ですか？

A 駆け引きよりも、集中してボールを蹴ることが大事！

PK のとき、キッカーはたくさんの選択肢があるため、有利な状況です。逆に GK はそれを少しでも邪魔しようと、キッカーが蹴る前に、先に動いて相手のリズムを狂わせようと、駆け引きをすることがあります。うまい選手なら、GK からのプレッシャーに負けず、簡単にその逆をついてゴールを決められるでしょう。

サッカーはつねに駆け引きの連続です。相手が何を考えているか、その逆を取ることがサッカーなのです。だからできるだけ GK を見て、相手の逆へ蹴れるようになるといいですね。でも、キッズ年代ではまだボールを見ないで蹴ることができるのはほんの一握りの選手しかいないと思います。

だから、駆け引きよりも、ボールを蹴ることに集中するほうが大事です。自信がついたら GK と駆け引きをしてみましょう。

Q プレッシャーに負けずにPKを決めるためには何が必要ですか？

A 自分にとって「得意なコース」を見つけよう！

PK は【フィニッシュ C3-4「ノーバウンド連続ゴール」】（84ページ）の練習のように「同じようなキックができる集中力」が求められます。それは、「キックフォーム」「ボールの当てる場所（ミートポイント）」「軸足の位置」。この 3 つがシュートするときには大事です。つねに当たり前に同じ蹴り方ができるようになるのがこの練習のねらいです。プレッシャーのかかる PK の場面でも「いつもの自分の形」を発揮できれば、自信を持って「得意なコース」へ蹴ることができるでしょう。

PK は圧倒的にキッカーのほうが有利な立場にいることを認識しましょう。GK としては「決められて当たり前」、むしろ「止めたらラッキー」くらいの感覚で守っています。なので、もっと余裕を持って、シュートしたほうがいいです。毎回同じコースに蹴れるという自信があれば、順番が何番目であろうと、GK との駆け引きをしなくても、どんなプレッシャーにも負けないでしょう。

おわりに

　少年少女がサッカーをやるうえで、心に留めておいてほしいことがあります。それは「他人と比較しない」ことです。人は体格や性格、サッカー歴が違います。キックを遠くまで飛ばせる選手もいれば、ドリブル突破だったらだれにも負けないという選手もいます。得意なプレーや乗り越えるべき課題もそれぞれです。

　チャプター3の「フィニッシュ」のなかの、あるメニューをやったとしましょう。シュートを10本打ったところ、チームメートは8得点で、自分は5得点だったとします。このとき数が少ないほうが劣っているとは考えないでください。明日は、6得点奪えるようになれればいいのです。その次は7得点を目指してトレーニングに励みましょう。チームメートも、次回9得点決めるには、どうすればいいかを考えるべきです。

　やってほしいのは、「過去の自分と比較して、成長したかを確認する」ことです。越えるべき目標を一ヶ月前・一週間前・昨日の自分と設定してみてはいかがでしょうか？

　本書で紹介した各ページの「ホーム・アサインメント」にて、自分との向き合い方の例を載せてあります。

　「つねに自身にピントを当てて、自主練習に取り組む選手の役に立ちたい」。そんな思いが伝わるとうれしいです。

クーバー・コーチング・ジャパン

撮影協力

クーバー・コーチング・
サッカースクール上海校
スクールマスター
寺尾厚志コーチ

クーバー・コーチング・
サッカースクールジョイナス校
サブマスター
塚田優司コーチ

クーバー・コーチング・
サッカースクールジョイナス校
サブマスター
新横浜教室GKクラスメインコーチ
大竹正人コーチ

クーバー・コーチング・
サッカースクール水戸校
石岡校スクールマスター
佐藤真央コーチ

<ruby>池之迫<rt>イケノ サコ</rt></ruby> <ruby>直幸<rt>ナオユキ</rt></ruby>くん
小学5年生

<ruby>有山<rt>アリヤマ</rt></ruby> <ruby>駿太<rt>シュンタ</rt></ruby>くん
小学5年生

<ruby>山口<rt>ヤマグチ</rt></ruby> <ruby>心寧<rt>ココ ネ</rt></ruby>さん
小学3年生

<ruby>木村<rt>キ ムラ</rt></ruby> <ruby>颯佑<rt>ソウスケ</rt></ruby>くん
小学4年生

<ruby>青柳<rt>アオヤギ</rt></ruby> <ruby>悠佑<rt>ユウスケ</rt></ruby>くん
小学3年生

<ruby>松下<rt>マツシタ</rt></ruby> <ruby>芽生<rt>メ イ</rt></ruby>さん
小学5年生

<ruby>菅田<rt>スゲ タ</rt></ruby> <ruby>春虎<rt>ハルトラ</rt></ruby>くん
小学5年生

<ruby>木村<rt>キ ムラ</rt></ruby> <ruby>銀太<rt>ギン タ</rt></ruby>くん
小学5年生

撮影場所

クーバー・フットボールパーク横浜ジョイナス
クーバー・コーチング・サッカースクールジョイナス校

＊コーチの所属先、選手の学年は2020年4月現在。

ジュニアサッカー
クーバー・コーチング
キッズのスキルアップ
練習メニュー集
1対1に勝つための
テクニック上達バイブル
【DVD付き】

1対1に負けないスキルを身につけたい
ジュニアプレーヤー必読書！ キッズ年代
から技術をグンと伸ばしてサッカーをもっ
と楽しもう！ 世界各国で認められている
育成メソッド「クーバー・コーチング」の
サッカー上達トレーニングを紹介。

著：クーバー・コーチング・ジャパン
定価：1,600円（＋税）

クーバー・コーチング
サッカー 365日使える！
小・中学生の
チーム練習ドリル100
【DVD付き】

本書はクーバー・コーチングの育成メソッ
ド「セッションプランナー」をもとに、個
人の基礎技術からチームの能力を上げるた
めの練習メニューをドリル形式で100種類
紹介。計画的練習メニューで1日のトレー
ニングの組み立て方がわかる！！

著：アルフレッド・ガルスティアン
　　チャーリー・クック
定価：2,300円（＋税）

ジュニアサッカー
クーバー・コーチング
キッズのトレーニング
メニュー集
ボールマスタリー34
【DVD付き】

うまいパスやフェイント、ファーストタッチをどうしても成功させたいと願っている子どもたちが、自主的に短時間で行える練習メニューを収録。キッズ年代に最適な本書で、サッカー選手に必要不可欠な基本となる技術を完璧に身につけることができる。

著：アルフレッド・ガルスティアン
　　チャーリー・クック
定価：1,600円（＋税）

ジュニアサッカー
クーバー・コーチング
キッズの一人でできる
練習メニュー集
ボールマスタリー45
【DVD付き】

キッズ年代からまわりよりも上達したい！そんなジュニアプレイヤーたちのために世界で認められている育成メソッド「クーバー・コーチング」で取り入れられている"自宅で""一人で"できる練習メニュー集。

著：アルフレッド・ガルスティアン
　　チャーリー・クック
定価：1,600円（＋税）

ライティング・写真	松岡健三郎
装幀・本文デザイン	渡邊民人、谷関笑子（TYPEFACE）
DTPオペレーション	貞末浩子
写真	Getty Images
動画撮影・編集	中丸陽一郎
編集	滝川昂（株式会社カンゼン）

ジュニアサッカー
クーバー・コーチング
キッズのプレー
レベルアップメニュー集
シュート技術まで習得できるボールマスタリー

発 行 日	2020年7月15日　初版
著　　者	クーバー・コーチング・ジャパン
発 行 人	坪井 義哉
発 行 所	株式会社カンゼン

〒101-0021
東京都千代田区外神田2-7-1 開花ビル
TEL 03(5295)7723
FAX 03(5295)7725
http://www.kanzen.jp/
郵便為替 00150-7-130339

印刷・製本	株式会社シナノ

ISBN 978-4-86255-569-4
Printed in Japan

定価はカバーに表示してあります。
ご意見、ご感想に関しましては、kanso@kanzen.jpまでEメールにてお寄せ下さい。
お待ちしております。